Eva-Maria Altemöller

Seelenruhe

Eva-Maria Altemöller

Seelenruhe

Über die Kunst
und das Vergnügen
ganz einfach
zu leben

Pattloch

Die Deutsche Bibliothek – CIP-Einheitsaufnahme

Ein Titelsatz für diese Publikation ist bei
Der Deutschen Bibliothek erhältlich

© 2001 Pattloch Verlag GmbH & Co KG, München
Umschlaggestaltung und Layoutentwurf Innenteil:
Georg Lehmacher, Friedberg/Bay.
Satz: Ruth Bost, Pattloch Verlag; gesetzt aus Kennerley Oldstyle
Reproduktion: Fotolito Longo, I–Bozen
Druck und Bindung: Clausen & Bosse, Leck
Printed in Germany

ISBN 3-629-01635-9

Von einer seiner Seereisen brachte mein Großvater
Jens Christian Brahm seiner Sophie-Louise
eine wunderschöne Kalligraphie mit,
auf der – wie er behauptete – ein altes
japanisches Sprichwort zu lesen war:
„Ideale sind wie Sterne, man kann sie nicht erreichen,
aber man kann sich an ihnen orientieren" –
was jedem, der zur See fuhr,
natürlich unmittelbar einleuchten musste.
Erst viele Jahre später, als wir bei uns daheim auf dem
Willemshof Gäste aus Japan zu Besuch hatten,
sollten wir erfahren, dass da eigentlich etwas ganz
anderes stand. Was, das sei hier noch nicht verraten.
Wir nahmen's amüsiert und gelassen hin.
Warum auch nicht? Denn zwanzig Jahre lang
hatten die Sterne unserer Kindheit über uns geleuchtet.
Und vielleicht ist es mit den Idealen ja wirklich
wie mit den Sternen, die wir am nächtlichen Himmel sehen:
Viele davon gibt es schon lange nicht mehr,
aber sie leuchten uns trotzdem noch.
So zumindest sahen es unsere Großeltern,
in deren (beneidenswert überschaubare)
Welt ich Sie in den nächsten Stunden entführen möchte.
Und ihnen sei dieses Buch denn auch gewidmet.

INHALT

1

Warum einfach
leben,
wenn's auch
kompliziert geht?

Ein Schnellkurs
für
Konsummuffel

„Zweifle an allem
mindestens einmal,
und sei es auch der Satz
zwei mal zwei ist vier."

GEORG CHRISTOPH LICHTENBERG

(den mein Großvater niemals
zu zitieren müde wurde ...)

„Still leben".
Oder: Wie man einen Zipfel vom Glück zu fassen bekommt

Was meine Großeltern Krischan und Sophie-Louise Brahm über die Kunst und das Vergnügen wussten, mehr Zeit zu haben für die Dinge, die wirklich zählen

Einfach leben wäre im Grunde schon eine schöne Sache, darüber sind sich alle einig. Die Frage ist nur: Wie lebt man *ganz einfach* in einer immer komplizierter werdenden Welt? Ehrlich gesagt kann ich selbst Ihnen darüber keine genaue Auskunft geben, denn ich lerne noch und finde, dass darüber täglich Neues zu erfahren ist. Erwarten Sie also von mir keine Patentrezepte. „Denn die", pflegte mein Großvater zu sagen, „braucht ein vernünftig denkender Mensch ebenso nötig wie eine Magen-Darm-Grippe. Patentrezepte werden nämlich meistens von Leuten erfunden, die von Tuten und Blasen keine Ahnung haben. Sie haben nicht einmal – und das ist das eigentlich Tragische an der Sache – eine Ahnung davon, dass sie keine Ahnung haben. Denn was wissen wir schon? Was lässt sich wirklich mit Bestimmtheit behaupten? *Wirklich kluge Leute zweifeln an allem, vor allem an dem, was als selbstverständlich gilt – das ist geradezu das Kennzeichen kreativer Köpfe:* Sie finden, dass das einzig Verlässliche nur der Zweifel ist und dass man in regelmäßigen Abständen wieder *ganz von vorne zu denken* anfangen sollte … Wie hat das Lichtenberg damals gesehen? ‚*Zweifle an allem mindestens einmal, und sei es auch der Satz zwei mal zwei ist vier*'. Der Mann hatte, so viel steht fest, schon immer einen bemerkenswerten Überblick", fand mein Großvater. Dieses Zitat solle sich jeder, der das Denken noch nicht verlernt hat, übers Bette hängen, denn es wirkt zuverlässig nicht nur gegen Melancholie und Frühjahrsmüdigkeit, sondern auch gegen jede Form von Stress. „Am besten stickt ihr euch den Satz aufs Kissen", schlug er vor.

Was meine Großmutter Sophie-Louise denn auch tat. Sie hat ihn wohl drei Dutzend Mal für all ihre Kinder und Kindeskinder in feinem Platt- oder Gobelinstich ausgeführt, auf dass es niemand von uns je vergesse.

Wirklich kluge Leute zweifeln an allem, vor allem an dem, was als selbstverständlich gilt.

„Lasst euch kein X für ein U vormachen", riet sie, „und versucht niemals, gegen euer Gefühl anzuleben, weil irgendjemand behauptet, es sei ,nicht mehr zeitgemäß', dieses oder jenes so und nicht anders zu sehen. Verwechselt nicht Spaß mit Freude oder Liebe mit Lust oder einen Beruf mit einem Job. Denn diese Dinge haben in etwa so viel miteinander zu tun, wie eine Tasse Jacobs Krönung mit Heitmanns Kaffee-Ersatz – nicht die Bohne nämlich. Der ,wahre Jacob' ist das nie gewesen – und wird es auch nicht sein, solange es Menschen gibt, die guten Willens sind."

Meine Großeltern wussten, wie man *ganz einfach* lebt. Nicht etwa, dass sie keine andere Wahl gehabt hätten – Jens-Christian Brahm war Landarzt in einem verschlafenen Dörfchen an der Waterkant und die Familie hat nicht gerade am Hungertuch genagt. Im Gegenteil: Mein Großvater war seinerzeit so etwas wie eine lokale Berühmtheit, denn er hat eine verblüffend einfache, hochwirksame Therapieform entwickelt, von der hier später noch die Rede sein wird.

Meine Großeltern lebten *ganz einfach*, weil sie es so und nicht anders wollten; und weil sie herausgefunden hatten,

11

dass die Zeit viel langsamer vergeht, wenn man sie nicht mit Aktivitäten vollpackt, bei denen wir unsere eigenen Gedanken nicht mehr hören können. Wer Talent hat zum Glück, dem könne es sogar gelingen, die Zeit anzuhalten. Allerdings gehöre dazu ein wenig Übung.❡

Jens-Christian Brahm und seine Sophie-Louise, genannt Lowise und manchmal auch Iseken, sind übrigens beide sehr alt geworden. Und auch Jan-Willem van Köping und Ole Hansen, von denen in diesem Buch zuweilen die Rede sein wird, sind inzwischen weit über neunzig. An seinem einhundertsten Geburtstag fragten die Zeitungsleute aus Wilhelmshaven meinen Großvater, worauf er dieses Alter denn zurückführe. „In der Hauptsache auf die Tatsache, dass ich am 25. August 1899 geboren wurde", antwortete er mit einem Augenzwinkern, aber dann verriet er doch eines seiner Geheimnisse: „Der Anfang aller Weisheit ist vielleicht zu wissen, worauf man verzichten kann. Einfach leben, im doppelten Wortsinne von *einfach* leben und einfach *leben*, das ist es. So frei und unabhängig zu sein, dem eigenen Gefühl folgen zu können und nicht dem, was sich ein paar unserer Zeitgenossen für uns ausgedacht haben. Es ist ein Luxus, scheint mir, nicht zu wollen, was man wollen soll …"❡

Still leben – das war auch das, was meine Großmutter, die Blumenmalerin, uns riet. „Denn die leisen Töne sind die eigentlich wichtigen und hören wird sie nur derjenige, der es nicht verlernt hat *hinzuhören*. Einen Zipfel vom Glück bekommt zu fassen, wer erkennt, dass *Zeit haben und Ruhe – und vielleicht noch einen Garten – haben die eigentlichen Luxusgüter in diesem Leben* sind. Sie erlauben uns, ein Doppelleben zu führen, ein schöpferisches zweites Leben voller

Der Anfang aller Weisheit ist vielleicht zu wissen, worauf man verzichten kann.

Farben und wunderbarer Einfälle. Ein Leben, in dem Platz genug ist für Freunde und Kinder, für Blumen und Tiere, für Musik und Sachertorte … Was braucht man mehr – außer einer Lieferung Schokolade von Zeit zu Zeit und ein paar neuen wirklich guten Aquarellpinseln?"❡

Wenn man nur wüsste, was überflüssig ist und was nicht

Möglicherweise hatte meine Großmutter ja gut reden. Und vielleicht war ihre Welt auch wirklich kleiner und überschaubarer als unsere heute, obwohl ich es bezweifle. Nein – eines ihrer Geheimnisse war, dass sie die äußerst schwierige Kunst des Wegwerfens zur Perfektion beherrschte. Sophie-Louise Brahm entsorgte kurzerhand alles, was sich ihrem unbestechlichen Künstlerauge als Kitsch offenbarte. Glücklicherweise machte sie bei Spielzeug einige Abstriche, sonst hätten wir um unsere Barbiepuppen fürchten müssen. Kinder seien, behauptete sie, bis kurz vor der Konfirmation so sehr mit dem Wachsen beschäftigt, dass man ihnen mit ästhetischen Überlegungen nicht allzu früh kommen sollte.❡

„Dat giv sik", wandte auch mein Großvater stets beschwichtigend ein, wenn einer seiner Söhne oder Töchter uns bei ihm zu verpetzen versuchte. „Dat giv sik" (auf Hochdeutsch: „Das gibt sich") ist ein so fabelhafter Trost, dass ich das Zitat kürzlich, als ich meine Küche neu strich, in kleinen Mosaikfliesen über meiner Spüle verewigt habe, sehr zur Freude meines Mannes, der einen ähnlichen Spruch von seinem eigenen Großvater geerbt hat: „Nichts ist für immer".❡

Nun muss ich an dieser Stelle ehrlich zugeben, dass sich

bei mir so einige Dinge *nicht* gegeben haben. Im Gegensatz zu meiner Großmutter habe ich echte Probleme mit dem Wegwerfen. Theoretisch weiß ich, dass Entrümpeln Not tut, aber leider tut es auch weh und ich wäre die Letzte, die das nicht zugäbe. Ich gestehe freimütig, dass ich zum Schuheputzen am liebsten alte Socken verwende oder die abgeschnittenen Ärmel ausrangierter Schlafanzüge, alles Dinge, die die meisten unserer Zeitgenossen kurz entschlossen entsorgen – weswegen es bei ihnen daheim auch immer wunderbar aufgeräumt aussieht.❡

Diese Leute bewahren auch unter Garantie ihre Büroklammern nicht in ehemaligen Nivea-Dosen auf, in denen sich auch Radier- und andere Gummis zuverlässig vorm Austrocknen schützen lassen. Man kann in diesen hochpraktischen, gut schließenden Metallbehältern auch trefflich Steck-, Haar- oder Grammophonnadeln aufbewahren, desgleichen Schrauben, Muttern, Nägel, Druckknöpfe, Haken und Ösen, Sicherheitsnadeln, Kleingeld, Briefmarken, Glasperlen, Passfotos, Bleistiftstummel, alte Kinokarten und andere Reliquien.❡

Auch auf dem Sekretär meiner Großmutter stand so eine Niveadose – eine sogenannte Familien- oder Anstaltspackung aus dem Jahre 1932, in der ein ganzes Pfund Nivea Platz hatte. Sophie-Louise hatte aus einer Laune heraus mit ihrem Pinsel ein „u" an das Wortende geschmuggelt, so dass dort statt Nivea „Niveau" zu lesen war … Fast siebzig Jahre lang befanden sich in dieser Dose beträchtliche Geldsummen, mit denen Sophie-Louise Brahm nicht nur den Kauf von Büchern, Musikinstrumenten und Malmaterialien förderte, sondern auch den Besuch kulturell wertvoller Einrichtungen und Veranstaltungen. Für Theater-, Konzert- oder Opernbesuche im In- und Ausland

spendierte sie ihren Kindern und Kindeskindern stets großzügig bemessene Summen – allerdings hatten wir den oft nicht ganz leicht zu erbringenden Nachweis zu führen, dass es sich dabei wirklich um Kultur handelte ... So kam es, dass wir mit fünfzehn zum ersten Mal in Verona waren, mit sechzehn in St. Martin-in-the-Fields und mit siebzehn in La Fenice. Alles mit Förderbeiträgen aus Großmutters Nivea-Dose ...❡

Ich selbst setze diese schöne Familientradition – allerdings in etwas verkleinertem Maßstab – fort: In einem Winkel meines Küchenschranks befindet sich ein Marmeladenglas, das ähnlichen Zwecken dient.❡

An dieser Stelle muss ich wohl zugeben, dass sich überhaupt in meinem Besitz unvernünftige Mengen leerer Marmeladengläser befinden, die ich für den nicht sehr wahrscheinlichen Fall horte, dass die altersschwache Quitte hinter unserem Haus doch noch einmal mehr als die dreieinhalb Früchte abwirft, mit denen sie uns alljährlich beglückt. Immerhin lässt sie es sich nicht nehmen, in jedem Frühjahr sehr viel versprechend zu blühen, und deswegen darf sie auch bleiben, solange sie mag. „Man muss immer den guten Willen sehen", meinte Sophie-Louise, wenn von Bäumen und Kindern die Rede war. Was dabei herauskomme, sei letztlich gar nicht so wichtig. Soll ich die liebe, alte Quitte abholzen lassen, nur weil sie kaum noch Früchte trägt? Natürlich nicht. Das wäre ebenso unsinnig, als legte man die Axt an all die Dinge, die keinen messbaren Nutzen haben, an Kunst und Kultur zum Beispiel oder an Beziehungen, die nicht mehr so gut sind, wie sie einmal waren. „Es gibt mehr Dinge zwischen Himmel und Erde, als alle Rechenkünstler dieser Welt sich träumen lassen", pflegte Sophie Brahm zu sagen. „Aber zum Glück fallen ihnen end-

16

gültige Entscheidungen schwer, weil es, dem Himmel sei Dank, immer ein paar Ewiggestrige gibt, die das Alte bewahren und die bezweifeln, dass das Neue besser ist …"¶

Deswegen tut man sich als anständiger Mensch mit dem Wegwerfen auch nicht leicht. Denn was weg ist, ist weg, und zwar unwiederbringlich – das ist das Hässliche daran. Mich von Dingen zu lösen, an denen mein Herz hängt, fällt mir jedenfalls sehr, sehr schwer. Deswegen habe ich auch ein ziemlich gespaltenes Verhältnis zu jeder Form von Aufräum- und Entrümpelungsaktion.

Es gibt mehr Dinge zwischen Himmel und Erde, als alle Rechenkünstler dieser Welt sich träumen lassen.

Denn Wegwerfen ist eine Kunst, die ich nicht beherrsche. Mein einziger Trost ist, dass ich damit nicht allein dastehe.¶

Ich bin nämlich – wie so viele andere auch – zu einer Zeit groß geworden, in der man jeden Bindfadenrest sorgfältig in jener unsäglichen Kristallschale aufbewahrte, die damals noch in fünfundneunzig Prozent aller Haushalte das Küchenbuffet zierte und in der neben Telegrammen, Postkarten und blauen Briefen auch das Rabattmarkenheft lag – woraus kluge Leute unschwer errechnen können, dass die Schreiberin dieser Zeilen mindestens vierzig Jahre alt sein muss, wahrscheinlich aber etwas drüber … Stimmt! Ich gehöre der Generation von Leuten an, deren Eltern und Großeltern wenigstens einen Weltkrieg und eine ganze Menge schlechter Zeiten erlebt haben und die es niemals über sich gebracht hätten, auch nur einen Hosenknopf wegzuwerfen oder ein nur einmal benutztes Butterbrotpapier. So etwas machte man ganz einfach nicht. Grundsätzlich nicht, ebenso wenig wie man Brot wegwarf.¶

Doch die Zeiten haben sich gründlich geändert. Die Waren- und Informationsflut unserer "Schönen Neuen

Welt" ist inzwischen so gigantisch, dass wir umdenken müssen, wenn wir nicht darin untergehen wollen. Nur erwarten Sie von mir nicht, dass ich Ihnen mit klugen Ratschlägen daherkomme oder mit frommen Sprüchen à la „Vom Saulus zum Paulus in dreißig Tagen" oder „Vom Schnäppchenjäger zum Konsummuffel in elfeinhalb Lektionen." ¶

Ich weiß ehrlich gesagt selber nicht so genau, was in meinem Leben überflüssig ist und was nicht – die Geschichte mit den Niveadosen, den Marmeladengläsern und der alten Quitte in unserem Garten beweist das ziemlich eindeutig. ¶

So schaut's bei uns daheim denn auch aus. Ich entgehe jedoch den schlimmsten Folgen meiner Unfähigkeit, mich von den Dingen zu lösen, da ich die relativ glückliche Existenz eines Provinzlers führe. In Haus und Hof habe ich immer Stauraum genug, um endgültigen Entscheidungen aus dem Weg zu gehen. ¶

Das Resultat ist, dass sich allenthalben höchst interessante *Spiegel-* und *Focus*nummern stapeln, von den *National Geographic* meines Mannes einmal ganz abgesehen. Ich bringe es einfach nicht über mich, sie ins Altpapier zu geben. Nicht einmal von den alten *Reader's Digest*-Heften mit ihrem naiv-optimistischen Weltbild voller *good will* und Tellerwäschergeschichten kann ich mich trennen – sie sind so voll von Pioniergeist, dass einem vor Rührung fast schon die Tränen in die Augen schießen. Mit Pioniergeist dieses Stils lassen sich heute nicht mehr allzu viele Blumentöpfe gewinnen, denn Enthusiasmus ist ziemlich *out*, fürchte ich. Meine ältesten *Reader's Digest*-Ausgaben stammen aus den späten Fünfzigern, als die Welt noch halbwegs in Ordnung war. Zumindest sieht es von hier aus betrachtet so aus … Manchmal, wenn ich mit meiner Familie im Zwist liege, verschwinde ich auf den Dachboden und lese, in einer vom Großvater ererbten Schiffshängematte liegend, die wunderbaren Aufsätze und die berüchtigten „Romankurz-fassungen". Erst nach zwei, drei Stunden, wenn man beginnt, sich Sorgen zu machen, tauche ich federnden Schrittes wieder auf, gestählt und frohen Mutes und mit ein paar Spinnweben im Haar. Bislang ist noch keiner hinter mein Geheimnis gekommen – niemand ahnt etwas davon, dass ich heimlich die alten Hefte lese, in denen Marika Rökk noch für *Placentubex-C* (nach Dr. Sauer-bruch) warb …♪

Ich bin ein romantischer Mensch, müssen Sie wissen. Und Romantiker tun sich mit dem Wegwerfen immer schwer. Ich besitze noch die erste Rose, die mir mein Mann einstmals schenkte, und den Kaugummi, den er mir anbot, als ich ihn kennen lernte, und den ich damals vor lauter Aufregung zu kauen vergaß: Seit fast fünfundzwanzig Jah-ren bröckelt er – originalverpackt – vor sich hin ebenso wie ein altersschwaches Lebkuchenherz vom Jahrmarkt mit der Aufschrift „Bleib mir 3". Das waren noch Zeiten … Ich gehöre zu den Leuten, die grundsätzlich sämtliche Programm-me und Eintrittskarten für Theater, Oper, Kino etc. etc. auf-heben und die auch alle Babyschuhe ihres Nachwuchses besitzen. Außerdem verfüge ich über eine beeindruckende Sammlung von Gaben, die ich von eigenen und adoptierten Kindern zum Muttertag bekam. Allein damit ließe sich ein Muttertagsmuseum eröffnen. Das wäre doch mal etwas Besonderes! Bei den einzelnen Exponaten könnte der Besucher vielleicht rätseln, zu welchem Zweck die Vorrich-tung ersonnen wurde. Zu den Prunk- und Kabinettstücken der Sammlung würde sicher eine höchst raffinierte Erfin-dung meines (mehlspeisenbegeisterten) Sohnes gehören, die dazu dient, gleichmäßig große Knödel zu formen. Dazu hat er aus einem umgebauten Bügeleisen und einer alten, mit Esbit betriebenen Dampfmaschine einen Gartopf zusammengebastelt, der einem Modell des *Raumschiffs Enterprise* nicht unähnlich sieht. Darin ließen sich die Knödel dann auch gar ziehen. Man brauchte den Thermostat beispielsweise nur auf *Böhmische Knödel* einzustellen und schon konnte es losgehen – zumindest theoretisch. Meistens weigerten sich allerdings die Sicherungen in unserem Hause mitzumachen. Wie sollte ich das alles wegwerfen? Es würde mir ja schier das Herz zerreißen!

Soll ich die Tanzkarten, die ich noch von meiner Großmutter besitze, ebenso „entsorgen"? Und das Nähkästchen, das sie mir mitsamt Inhalt hinterließ und aus dem sie stets „zu plaudern" pflegte? Wie oft hat Sophie-Louise, wenn sie Socken stopfte (und sie hatte immer irgendwelche Socken zu stopfen) uns Weisheiten mit auf den Lebensweg gegeben, die uns heute noch dabei helfen, die Dinge richtig zu sehen? Einige dieser Nähkästchengeschichten werden Sie in diesem Buch wiederfinden, wenn auch längst nicht alle. Ich sehe sie noch, meine Großmutter, wie sie im Schein ihrer wunderbaren alten Berliner Lampe dasaß und von Kamelen und Nadelöhren und anderen höchst erstaunlichen Dinge erzählte. Soll ich die Hutnadeln und die Ballhandschuhe, die sie über den Krieg gerettet hat, veräußern? Und die Familienfotos aus hundertfünfzig Jahren?

Ich brächte es nicht übers Herz.

Und ich möchte den sehen, der das so ohne weiteres schafft.

Ich stehe selbst nicht gerade als leuchtendes Beispiel da, wenn es darum geht, die Spreu vom Weizen zu trennen.

Bislang habe ich auch außer ein paar anfallsartigen Ent-

20

rümpelungsaktionen (von denen hier bald Näheres zu berichten sein wird) nicht viel zustande gebracht, was das Prädikat „Wertvoll" verdienen würde. Hinzu kommt, dass selbst die besten Vorsätze stets daran scheitern, dass verschiedene Mitglieder ein und desselben Haushalts die unterschiedlichsten Vorstellungen davon haben, was überflüssig ist und was nicht ... ❡

Ebenso wie mein Großvater habe ich etwas gegen Patentrezepte. Zum Thema Glück, Erfolg und Lebenszufriedenheit gibt es ohnehin schon mehr als genug davon und fast alle haben, wie mir scheint, einen entscheidenden Nachteil: Sie funktionieren nicht, auch wenn man noch so positiv denkt. Das liegt daran, dass sie eben meistens von Leuten geschrieben worden sind, die – wie nannte das der alte Krischan Brahm? – „die Weisheit mit Löffeln gefressen haben." Und er fügte hinzu: „Hütet euch vor Leuten, die Kurse in Selbstbewusstsein belegen und immer alles ganz genau wissen. Und auch vor solchen, die meinen, zu jedem Thema Abschließendes zu sagen zu haben. Nehmt euch in Acht vor den Bescheidwissern, die über Kunst und Politik und über Börsenkurse dozieren und mit einer Beiläufigkeit über alte französische Rotweine reden, als söffen sie das Zeug daheim wie Sprudel." ❡

Je älter ich werde, desto öfter muss ich daran denken, an die Börsenkurse vor allem. Er war schon ein sehr kluger Kopf, der alte Jens-Christian, genannt Krischan, Brahm, und auch seine Sophie-Louise, unsere vortreffliche Großmutter, hatte so eine Art, Dinge zu sagen, die wir zuweilen erst jetzt, dreißig Jahre später, so richtig zu würdigen wissen. Manches war uns seinerzeit zu hoch, vor allem, wenn es um das Thema *einfach leben* ging. Aber so langsam beginne ich zu verstehen, was sie damit meinten. „Macht euch nichts daraus", tröstete uns Sophie-Louise, „vor vierzig wird selten einer weise." Also liege ich ja noch ganz gut in der Zeit.❡

Drei Toaster, fünf Salatschleudern, siebzehn Paar Grillhandschuhe (zum Teil mit Weihnachtsmotiven) und eine sehr pfiffige Vorrichtung zum Trocknen von Turnschuhen. Oder: Wie viel Ballast braucht der Mensch?

Angeblich ist es ja *ganz einfach*, einfach zu leben. Zumindest behaupten das die Bescheidwisser. Man verzichte auf alles Überflüssige – und schon stellt sich ganz von selbst der gewünschte Seelenzustand ein. Das ist eines von diesen Patentrezepten, die mein Großvater damals meinte.❡

An dieser Sache ist aber, wie an allen Dingen, die *eigentlich ganz einfach* sind, ein Haken. Wie soll man bitte im einundzwanzigsten Jahrhundert *ganz einfach* leben? Sollen wir etwa hingehen und unseren Kohl selbst anpflanzen? Sollen wir am Wochenende Holz hacken und Spinn- oder auch Windräder bauen oder in die Pilze gehen und Butter, Milch und Käse selbst herstellen? All das dürfte, nebenbei bemerkt, durchaus seine Reize haben, denn inzwischen wissen wohl nur noch der Teufel und seine Großmutter, was in unseren Nahrungsmitteln so alles steckt, an Gutem und Bösem …❡

Im Unterschied zu all den Ratgebern verschiedener Couleur weiß ich selbst nicht so genau, wie sich einfaches Leben verwirklichen lässt, jedenfalls nicht, wenn man im fünften Stock eines Hamburger Mietshauses wohnt – und einen Balkon hat, der nach Norden geht, wo die Tomaten nicht einmal dann etwas werden, wenn man ihnen täglich gut zuredet. Damit braucht man ihnen gar nicht erst kommen – sie wollen einen Platz an der Sonne und basta. Alles positive Denken kann ihnen gestohlen bleiben. Denn für Tomaten zählen nur Fakten und keine Sprüche. Das ist etwas, was wir von ihnen lernen könnten ...

Ich erinnere mich noch sehr gut an meinen eigenen Nordbalkon, der zu meinem WG-Zimmer gehörte, als ich in Hamburg studierte. Eines nebligen Morgens besuchte mich dort mein Großvater, betrachtete nachdenklich zuerst die Kümmerlinge auf meinem Balkon und dann mich, schüttelte besorgt den Kopf und sagte: „Kindchen, wir gehen jetzt erst mal auf den Fischmarkt frühstücken. Und dann überlegen wir uns, ob du das Richtige studierst. Mit dieser Tomatenexistenz muss jedenfalls bald Schluss sein. Du brauchst Licht, Luft und Sonne, wie jeder andere auch." Also sprach mein Großvater, während er mich mit den luftigsten *Pannekoeken* fütterte, die in Hamburg zu haben waren.

Doch leider, leider hatte ich damals noch so einige Flausen im Kopf und ich dachte so, wie man mit zwanzig eben denkt: dass einem die Welt offen steht und alles, aber auch wirklich alles möglich ist, man muss es nur wollen.

Mit dreißig, wenn man „beginnt, nicht mehr jung zu sein", denkt man üblicherweise anders über diese Dinge. Und so lange habe ich denn auch gebraucht, bis ich erkannte, wie recht mein Großvater schon damals hatte, Ende der Siebziger.

Aber selbst heute bin ich mir in vielem nicht sicher. Wenn man Kinder hat, ist das mit dem einfachen Leben nämlich so eine Sache.

Schon der Versuch, anders zu leben, lohnt sich.

Was ich aber weiß, ist, dass sich *schon der Versuch, anders zu leben, lohnt*, auch wenn er nicht so ganz gelingt.

Machen Sie *ganz einfach* mit. Was dabei herauskommt, steht vielleicht noch in den Sternen, aber eines ist gewiss: Man hat etwas zu erzählen, denn ein Abenteuerurlaub auf dem Amazonas ist geradezu ein *Spaziergang* gegen das, was Sie da vorhaben. Und wer den Sprung ins kalte Wasser wagt (und es ist wirklich *sehr* kalt – machen wir uns da nichts vor), der wird ein paar Dinge entdecken, die ihm unsere hektische „Ich-will-alles-und-zwar-sofort-Gesellschaft" bislang verheimlicht hat: dass es nämlich, wie Sophie-Louise Brahm sehr richtig beobachtet hat, ein *Luxus ist, mehr Zeit zu haben, mehr Ruhe, mehr Raum und mehr Natur um sich herum*, alles Dinge, die man mit Geld nicht kaufen und auch nicht aufwiegen kann und die uns helfen, gesund zu bleiben. Wir brauchen Licht, Luft und Sonne wie die besagten Tomaten, da hilft alles nichts. Und daran lässt sich auch mit Geld und guten Worten nichts ändern.❧

Luxus ist, mehr Zeit zu haben, mehr Ruhe, mehr Raum und mehr Natur um sich herum.

„Ab und zu", behauptete meine Großmutter, „sollte man Inventur machen in seinem Leben und es *ganz einfach* entrümpeln, damit man wieder einen Blick bekommt für das, worum es eigentlich geht."❧

Wer einmal damit angefangen hat, wird feststellen, dass es sogar Spaß macht, all das über den Haufen zu werfen, was uns unnötig belastet oder einfach nur hässlich ist. „Wer damit beginnt, sich von allem zu lösen, was sein ästhetisches Gewissen beleidigt – von dessen Existenz ich überzeugt bin –, der hat schon eine Menge gewonnen. Schlitzäugige Weihnachtsmänner, Kaffeetassen, Regenschirme und andere mit zweifelhaften Sprüchen bedruckte Werbegeschenke, davon kann man sich zum Beispiel ganz gut trennen.❧

Was hat Tucholsky – in freilich anderem Zusammenhang – einmal gesagt? ‚Die Basis einer gesunden Ordnung ist ein großer Papierkorb.‘ Da ist etwas Wahres dran. Nur kommt man mit einem Papierkorb heutzutage nicht mehr sehr weit. Seit man in jeder Apotheke einen Massagehandschuh geschenkt bekommt, wenn man nur „Grüß Gott" sagt, ist ein Achtziglitersack schätzungsweise die unterste Grenze dessen, womit sich ein spürbares Ergebnis erreichen lässt ..."¶

So zumindest sah es meine Großmutter. Sie hielt viel von Müllsäcken – allerdings ging sie nicht so weit, sie zu verschenken. So etwas brachte nur mein Großvater in ganz extremen Fällen fertig und erreichte damit stets die erfreulichsten Wirkungen. Denn der Zweck heiligt bekanntlich die Mittel und er wusste: Wer sich von all dem Wohlstandsschrott trennt, mit dem man uns tagtäglich zuschüttet, ist bald ein anderer, ein glücklicherer Mensch.¶

„Nur Müllsackbesitzer und potentielle Konsummuffel", behauptete er, *„werden der Machtergreifung des Ramsches, des immer Billigeren und immer Hässlicheren, ein Ende bereiten können. Es ist heute einfach alles zu viel. Zu viel Werbung, zu viel Lärm, zu viel* von allem und zu wenig von dem, was wirklich zählt. Wer anders leben will, kann nur versuchen, sich dem so weit wie nur irgend möglich zu entziehen. Aber das ist alles andere als leicht."¶

> *Es ist heute einfach alles zu viel. Zu viel Werbung, zu viel Lärm, zu viel von allem und zu wenig von dem, was wirklich zählt.*

Verzagen Sie nicht gleich, es ist noch kein Konsummuffel vom Himmel gefallen. „Geduld bringt Rosen", pflegte meine Großmutter zu sagen und noch etwas empfahl sie, die Blumenmalerin, uns: „Duldet in eurem Hause nie etwas, das weder schön noch wirklich nützlich ist. Und selbst wenn es einen Nutzen hat oder zu haben vorgibt, darf es euer Auge und euer natürliches Formgefühl niemals durch Hässlichkeit beleidigen."❡

Wer genau darüber nachdenkt, wird sich der Weisheit dieses Ratschlags wohl kaum entziehen können, und wer mag, kann daraus eine ganz persönliche Müllsack-Strategie entwickeln.❡

Wenn Sie damit beginnen, sich von allem zu trennen, was wirklich nur *hässlich* ist, haben Sie den ersten, wesentlichen Schritt schon getan: Schneemänner aus Keramik, wie man sie inzwischen in jedem Drogeriemarkt als Kundengeschenk (neudeutsch: *Give-away*) bekommt, gehören ganz offensichtlich dazu. Lösen Sie sich von der Vorstellung, dass man sie ja immer noch weiterverschenken kann. Man tut es dann nämlich doch nie, weil uns eine innere Stimme – unser ästhetisches Gewissen – davor warnt.❡

Was macht man überhaupt als anständiger Mensch mit Dingen, deren praktischer Nutzwert gegen Null strebt? Was fängt man mit der schier unübersehbaren Fülle von Arzneimittelpröbchen und Vitaminbonbons und Teebeuteln mehr oder weniger haartreibenden Inhalts an, die man – zusammen mit der Tüte – in jeder Apotheke überreicht bekommt, obwohl man doch eigentlich nur ein Päckchen Taschentücher kaufen wollte? Zu Weihnachten erhält man überdies, wenn man nicht schnell genug davoneilt, einen Massageroller oder eine Kräuterteetasse, wobei die Tasse noch immer vorzuziehen ist, weil man die wenigstens aus Versehen fallen lassen kann. Ein Handschuh ist da leider robuster.❡

Das ist wohl auch der Grund, warum sich in meiner Speisekammer über die Jahre hinweg eine geradezu aberwitzige Menge von Grillhandschuhen unterschiedlicher

Herkunft ansammeln konnte – unter vielem anderen wohlgemerkt.¶

Ich bin ein sehr geduldiger Mensch, müssen Sie wissen,
und was Ordnung betrifft, stelle ich zur Freude meines
Nachwuchses auch keine übertriebenen Anforderungen.
Aber als ich Weihnachten 1994 das siebzehnte Paar von
diesen unsäglichen Handschuhen geschenkt bekam, war
das genau ein Paar zu viel. „Packen wir's an!" war darauf
gedruckt (neben einem Weihnachtsmann von höchst zwei-
felhafter Ästhetik) und ich nahm es wörtlich: Ich erinnerte
mich an das, was meine Großmutter über Müllsäcke und
über Schönheit gesagt hatte, und entrümpelte in einem
Anfall blinder Wut meine Küche und mein Leben – und
seither geht es mir viel besser.¶

Das Schicksal hatte mir sozusagen den *Fehdegrillhand-
schuh* ins Gesicht geworfen und ich hatte nichts weiter
getan, als ihn aufzunehmen und konsequent meinen Weg
zu gehen, den dornigen Pfad des überzeugten Konsummuf-
fels. Natürlich habe ich es bis heute immer noch nicht sehr
weit gebracht – und die besagten *Reader's Digests* liegen
auch noch da, wo sie vor zehn Jahren lagen. Aber immerhin schaffe ich es inzwischen, mich von allem zu trennen,
was unästhetisch ist – *und das ist, bei Licht besehen, das
meiste*. Ich schicke die Kinder damit auf Flohmärkte und
Wohltätigkeitsbazare. Soll jemand anderer damit glücklich
werden, bei mir ist jedenfalls der Ofen aus. Obwohl ich
billigend in Kauf nehmen muss, dass mein Nachwuchs
den Ramsch, den er auf Flohmärkten umsetzt, gleich in
Batman-Kostüme oder Überraschungseier oder weiß der
Teufel was umrubelt ... ¶

Die Sache mit dem *Packen-wir's-an*-Handschuh war
jedenfalls so etwas wie mein Pauluserlebnis, wie es jeder,

der es wirklich ernst meint, braucht. Wenn Sie Lust haben, schreiben Sie mir etwas zu diesem Thema – ich freue mich immer über Post. Bei einer Freundin von mir löste übrigens ein Satz Schnapsgläschen auf einem liebevoll mit Brandmalerei verzierten Holztablett die Krise aus: „Der Klügere *kippt* nach" stand da und das war nun wirklich zu viel! Irgendwann erreicht eben *jeder den Punkt, an dem Geduld plötzlich in Überdruss umschlägt.* Dann braucht man eigentlich nur noch *ganz einfach* die Reste dessen, was uns nervt, hinterherzukippen und schon ist man ein freier Mensch … Na ja, sagen wir, fast.❡

Irgendwann erreicht jeder den Punkt, an dem Geduld plötzlich in Überdruss umschlägt.

Bei meinem Nachbarn war es kürzlich eine eigentlich ganz unschuldig aussehende Plastikflöte, die die große Entrümpelungsaktion auslöste. Der achtjährige Sohn des Hauses hatte sie irgendwo geschenkt bekommen und ließ es sich angelegen sein, seine Familie damit in den Wahnsinn zu treiben. Denn er ist in etwa so musikalisch wie eine unserer Katzen, wenn sie aufs Klavier springt.❡

Auch wir kamen in den zweifelhaften Genuss seiner Darbietungen und erwogen bereits die Emigration. Ich dachte an meine Großmutter und an das, was sie über den Luxus der Ruhe gesagt hatte, besorgte eine Familienpackung *Oropax* und fügte mich ins Unvermeidliche.❡

Da ich aber noch eine zweite Packung kaufte für den nicht ganz unwahrscheinlichen Fall, dass ich die erste verlegte (ich bin nämlich ein bisschen schusselig), nahm das Verhängnis seinen Lauf und es geschah, was geschehen musste: Mein Mann schenkte unserem Nachbarn, dem guten Johannes, eines dieser *Oropax*-Pakete zum Geburtstag, was auch prompt wirkte. An diesem Tag ging nicht nur die besagte Flöte den Weg alles „Fleischlichen", nein, es gingen auch noch andere Dinge flöten und unser Nachbar entrümpelte gründlich seinen Haushalt, wofür er uns noch heute dankbar ist.

Trotzdem wäre ich damals am liebsten im Boden versunken, als Peter seinem Freund das – liebevoll in Natronkraftpapier verpackte – *Oropax* verehrte. Ab und zu haben die Männer das Fingerspitzengefühl von Preisboxern, scheint mir, doch Peter hält es in dieser Beziehung mit dem, was sein eigener Großvater zu zitieren pflegte: *„Manche Wahrheiten sollen nicht gesagt werden, manche brauchen nicht, manche müssen es ..."* Ein Satz, der's in sich hat. Ist ja auch von Wilhelm Busch.

Doch zurück zu meinem eigenen Pauluserlebnis. Am dritten Adventssonntag 1994 landeten unter vielem anderen siebzehn Paar neuwertige Asbest- und acht Paar Sisalhandschuhe in einem dieser *blauen Müllsäcke, die ich sehr bald als das Beste seit Erfindung der Bratkartoffel zu schätzen lernte.* Drei Toaster (zwei davon nicht mehr funktionstüchtig) und fünf Salatschleudern (alles Hochzeitsgeschenke) verschwanden an diesem denkwürdigen Abend auf Nimmerwiedersehen, zudem einige andere überaus praktische und angeblich so zeitsparende Erfindungen. Was noch halbwegs in Ordnung war, spendete ich für die Weihnachtstombola der Jungschar unserer Kirchengemeinde – na, die werden sich vor Freude geradezu überschlagen haben, als ich u. a. drei Fondue- und fünf Bowlentöpfe anschleppte, überdies eine nicht mehr genau bestimmbare Menge grottenhässlicher Vasen und etwa drei Dutzend nie benutzter Küchenhandtücher, die mit oberbayerischen Schuhplattlern bedruckt

Die blauen Müllsäcke sind das Beste seit Erfindung der Bratkartoffel.

waren: Ich hatte sie von einer Münchner Tante zur Konfirmation bekommen und eigentlich sollte man derlei Geschenke ja in Ehren halten. Aber was zu viel ist, ist eben zu viel: Die Dinger waren so abgrundhässlich, dass jedem, der noch eine Seele im Leib hat, bei ihrem Anblick die Tränen in die Augen schossen. Und außerdem gehörten sie zu der Sorte von Geschirrtüchern, die schon klitschnass ist, wenn man nur eine Kuchengabel damit abtrocknet. Jan-Willem van Köping, meines Großvaters bester Freund, war (unter vielem anderen) ein höchst experimentierfreudiger Biochemiker und er behauptete, dass diese Art von Handtüchern geradezu hygroskopisch sei, Wasser also anziehe und sich daher trefflich für die Zucht von Kressesamen eigne. Seither kommen mir nur noch übergroße, reinleinene Geschirrtücher ins Haus.

Ich übertreibe nicht. Ich übertreibe überhaupt so gut wie nie, und wenn, dann nur zu einem guten Zweck. Die folgende Geschichte, die ich Ihnen in diesem Zusammenhang ganz unmöglich vorenthalten kann, ist ebenso wenig übertrieben. Sie hat sich – großes Ehrenwort – so und nicht anders abgespielt, auch wenn sie zunächst einmal etwas unwahrscheinlich klingt. Die Nummer ist fast schon kabarettreif und doch ist sie typisch für das, was so alles passieren kann, wenn man anders zu leben versucht als andere, einfacher eben – und wenn man ab und zu voll funktionstüchtige Konsumprodukte auf den Sperrmüll stellt, die kein vernünftiger Mensch entsorgen würde, Fernsehgeräte zum Beispiel oder batteriebetriebenen Blechkram, der auf den dunklen Wegen des Tauschhandels in den Besitz unseres Nachwuchses gelangt ist.

Vor ein paar Monaten bekam ich von einem Freund eine höchst sinnreiche Vorrichtung zum Trocknen von Turn-

schuhen geschenkt. Das gute Stück hatte ungefähr die Ausmaße eines dieser Kühlschranke, die man in Hotelbars findet. ¶

Nun bin ich, obwohl ich ganz gern ein wenig laufe, ein notorisch unsportlicher Mensch. Einen Turnschuhtrockner brauchte ich also etwa so nötig wie die besagte Magen-Darm-Grippe, die mein Großvater für den Inbegriff des Überflüssigen hielt. Und deswegen beschloss ich denn auch, nachdem mein Besuch wieder abgereist war, das Möbel kurzerhand auf den Sperrmüll zu stellen. ¶

Das mit dem Sperrmüll ist jedoch so eine Sache: Eigentlich ist er eine wunderbare Einrichtung, denn er fordert findige Köpfe zu den verblüffendsten und interessantesten Formen von Recycling heraus. Sperrmüll hat auf phantasievolle Leute eine geradezu magische Wirkung und er bestätigt mir stets meines Großvaters Theorie zum Thema Kreativität – doch davon später mehr. Tatsache ist jedenfalls, dass man Müll, den man wirklich loswerden will, nur gut getarnt hinausstellen sollte, denn sonst erweist er sich in achtzig Prozent der Fälle als Wiedergänger. Ich nenne diesen Effekt das sogenannte *Bumerangphänomen* und jede Ehefrau und Mutter, die über Kinder im schulpflichtigen Alter und über heimwerkelnde Ehemänner verfügt, wird diese Beobachtung bestätigen können. In jeder Familie dürfte es von Natur aus misstrauische Wesen von zumeist männlichem Geschlecht geben – aber bitte, ich will damit nichts gesagt haben! –, die in der ständigen Angst leben, dass die Herrin des Hauses etwas wegwerfen könnte, was sie eventuell noch irgendwo *anlöten* könnten. Deswegen bringt mein Mann auch immer gern die Mülltonne hinaus, vor allem seit dem dritten Adventssonntag 1994. Sie sehen also, dass derlei Entrümpelungsaktionen oftmals völlig unerwartete und höchst willkommene Nebenwirkungen haben können.⁊

Doch zurück zu meinem Turnschuhtrockner. Diesmal war es mein achtjähriger Sohn, der auf seinen routinemäßigen Kontrollgängen durch die Sperrmülllandschaft just vor unserem eigenen Haus – so ein Zufall aber auch – diesen voll funktionsfähigen Kasten vorfand. Er postierte seine kleine Schwester zum Schmierestehen, karrte das Möbel wenig später in sein Zimmer und bekundete auf meine vorsichtige Frage hin, was er damit vorhabe, dass er das Gerät überholen und danach seiner Großmutter zu Weihnachten schenken würde, damit sie fürderhin ihre Pantoffeln damit anwärmen könne.⁊

‚Da wird sie sich ja kugeln vor Vergnügen‘, sagte ich mir, denn ich kenne meine Schwiegermutter und weiß, dass sie in vielen Dingen so denkt wie ich. Aber immerhin ist es ein netter und auch sehr fürsorglicher Zug von meinem Kind. Und da in Elternzeitschriften immer zu lesen ist, dass man seinen Nachwuchs loben soll, lobte ich meinen Sohn denn auch pflichtbewusst und fand es wunderbar, dass er an Omas ewig kalte Füße gedacht hatte. Daraufhin versicherte er mir treuherzig, dass er eigentlich mehr an diesen neuen Roller (Kickboards heißen diese Teile wohl) gedacht habe, den Oma und Opa zu *sponsern* versprochen hatten, und daran, dass er jetzt das Geld für Omas Weihnachtsgeschenk gespart habe … „Das sind mindestens zwanzig Mark netto“, erklärte er mir und schaute mich so unschuldig an, wie nur Kinder und kleine Tiere es fertig bringen. Man schmilzt dahin, obwohl man eigentlich – wie nennt man das in der Pädagogik? – den „situativen Ansatz“ nutzen und des Langen und Breiten über den Sinn des Schenkens philosophieren sollte.⁊

Aber was tut man als Mutter und als friedliebender Mensch? Man schweigt und leidet und nimmt sich vor, den Kindern am Abend O. Henry's *Geschenk der Weisen* vorzulesen, in der es um die Liebe und das liebe Geld und um den Sinn des Schenkens geht. Vielleicht ist es die schönste Liebesgeschichte der Welt – meine Großmutter hat sie uns immer vorgelesen und ich dachte ein wenig deprimiert darüber nach, dass *ich* im Alter von acht Jahren keinen Pfennig Bares besessen und auch nicht vermisst hatte. Es war damals, Anfang der Sechziger, einfach nicht üblich, Kindern ein Taschengeld zu zahlen, und schon gar nicht, ihre Hilfe im Haushalt zu entlohnen. Man setzte das einfach als selbstverständlich voraus. Hier und da gab es fünfzig Pfennig von Oma und Opa oder eine Mark für die Spardose, wenn das Zeugnis einmal gut ausgefallen war, aber zwanzig, fünfzig oder gar hundert Mark – du lieber Himmel! Schon ein Fünfmarkstück war etwas unglaublich Kostbares, das man zwischen zwei Lagen Watte in einer ausrangierten Schmuckschachtel aufbewahrte wie eine kostbare Sammlermünze. Waren sie nicht wirklich schöner damals, die Fünfmarkstücke, als diese Blechchips von heute oder täusche ich mich da? Vielleicht ist ja nur unser schlechtes Gedächtnis für die „guten alten Zeiten" verantwortlich, wer weiß.

Vielleicht ist ja nur unser schlechtes Gedächtnis für die „guten alten Zeiten" verantwortlich.

Aber sie waren wirklich schön und schwer und richtig versilbert und der Adler sah noch aus wie ein Adler und nicht wie etwas, das man in einer Hähnchenbude auf die Faust bekommt … Ich erinnere mich noch daran, wie ich als kleines Mädchen ganz fasziniert die schöne Dame betrachtete, die auf der Rückseite der Fünfzigpfennigmünze

34

eine Eiche pflanzt – ein Bild, das sich meiner Phantasie tief eingeprägt hat. Ich wollte auch gern Eichen pflanzen. Habe ich dann auch. In vielerlei Hinsicht.❡

Womit ich wieder mal gründlich vom Thema abgekommen bin! Ich neige eben ein wenig zur Nostalgie. Aber noch geht es hier um die Sache mit dem Turnschuhtrockner. Meine Schwiegermutter hat sich dann sehr darüber gefreut, zumindest offiziell, wie man sich eben als anständiger Mensch über etwas freut, das so überflüssig ist wie ein Kropf. Natürlich hat sie das gute Stück beim nächsten Sperrmülltermin nach draußen gestellt, zusammen mit einem beheizbaren Fußsack und einer Massagerolle, die ihr andere Mitglieder meiner ziemlich weitläufigen Verwandtschaft verehrt haben.❡

Die Geschichte könnte eigentlich hier enden, tut sie aber nicht. Eine Woche nach der Sperrmüllabholung kam mein Schwiegervater mit einem Gerät vom Flohmarkt, das er dort für den Spottpreis von fünfzehn Mark erworben hatte, wie er uns berichtete. (Wahrscheinlich hat er das Doppelte bezahlt, aber das würde er natürlich nie zugeben). Das gute Stück sah unserem Turnschuhtrockner sehr ähnlich und eine eingehende Untersuchung ergab dann auch, dass er es tatsächlich *war*.❡

Eine Zeit lang fand die Vorrichtung eine wirklich sinnvolle Verwendung im Fotolabor meines Schwiegervaters. Er trocknete damit seine Positive und behauptete, dieses neuartige Gerät erlaube ihm endlich, zwei Bilder gleichzeitig zu bearbeiten. Dabei macht mein Schwiegervater immer nur ein Bild zur selben Zeit, mehr ist einfach nicht drin.❡

Inzwischen sind beide Schläuche ausgefallen, wie man hört, weil sich durch die Hitze stets das Klebeband ablöste, mit dem mein Schwiegervater, dieser unverbesserliche

Tüftler, die Bruchstellen in den Schläuchen zu reparieren gedachte.❡

Irgendwann gab er es dann doch auf und brachte das Gerät in die Garage, weil es zum Anwärmen der Gummilösung bei Fahrradreparaturen sicher noch gute Dienste leisten werde, wie er versicherte. Letzte Woche, als der Sperrmüll wieder mal fällig war, haben meine Schwiegermutter und ich den Turnschuhtrockner dann in einer Nacht- und Nebelaktion aus der Garage entwendet und persönlich die Abholung überwacht. Wir feierten das Ereignis danach mit einem sehr ausgiebigen Frühstück. Manchmal müssen wir Frauen eben zusammenhalten.❡

Denke bei allem, was Du tust, an wenigstens drei Generationen vor dir und ebenso viele nach dir.

Hier endet diese Geschichte nun wirklich oder sagen wir vorläufig, denn so ganz sicher kann man sich da nie sein. Wer weiß, wo ich diesem Turnschuhtrockner noch einmal begegne? In einer modernen Installation vielleicht, im Wallraff-Richartz-Museum? Jedenfalls sollte man diese Möglichkeit nicht ausschließen. Ganz offensichtlich hat Müll – wie Katzen auch – sieben Leben. Und das ist eigentlich ein beunruhigender Gedanke: Wenn wir Pech haben, verfolgt der Schrott noch unsere Kinder und Kindeskinder. Und das Dumme ist, man kann nicht allzu viel dagegen tun, oder doch? Die Hopi-Indianer haben, wie man hört, ein Sprichwort: *Denke bei allem, was Du tust, an wenigstens drei Generationen vor dir und ebenso viele nach dir.* Ein kluger Rat. Vielleicht ginge es ihnen heute besser, wenn sie sich damals daran gehalten hätten …❡

Die Machtergreifung des Ramsches. Oder:
Das Billige ist der Feind des Guten geworden

Müll vermeiden steht auf dem Lehrplan für Konsummuffel im zweiten Semester.

Wenn man die Dinge weg hat, die ebenso hässlich wie
unnütz sind, kann man mit denen von *zweifelhaftem Nutzwert* weitermachen, mit leckenden Kaffeemaschinen zum
Beispiel oder eigensinnigen Wasserkochern, die immer nur
dann funktionieren, wenn es ihnen gerade in den Kram
passt. Und den „*Voice-control-Wecker*", der einen mit
seinem unerbittlich-fröhlichen „*Aufstehen – Karriere machen!*" weckt, braucht man eigentlich auch nicht. Im Gegenteil: Ein Freund von uns, der das Pech hat, in seinem Beruf
nicht besonders ehrgeizig zu sein, dafür aber lieber Musik
macht, bekam ein solches Gerät von seiner umso ehrgeizi-
geren Freundin geschenkt, offiziell natürlich nur als Gag,
aber ich bin mir da gar nicht so sicher … Tatsache ist
jedenfalls, dass unser Freund monatelang an Migräne und
schlechter Laune litt, bis er meinen Mann konsultierte, der
des Rätsels Lösung entdeckte: Er entsorgte das Foltergerät
kurzerhand und ersetzte es durch einen wunderschönen
Bauhaus-Reisewecker aus den frühen Dreißigern, ein edles
Stück von schlichter, beruhigender und seiner Funktion an-
gemessener Form. Unser Freund genas von Stund an und ist
seither von der Genialität meines Mannes überzeugt. Auch
hat er jetzt eine wirklich gute Frau, die ihn nicht jeden
Samstagmorgen in die City zum Früh-Shoppen schleppt.

Was die Geschichte uns lehrt, ist:

*a) Funktioneller und ästhetischer Schrott kann sich mächtig
aufs Gemüt legen, vor allem dann, wenn man sich noch ein
Gefühl für Form und Schönheit bewahrt hat.*

b) Das Wegwerfen von derlei Dingen kann befreiende, ja geradezu selbstheilende Kräfte in uns auslösen.

c) Wer sich einmal von einer Sache getrennt hat, wird verblüfft feststellen, dass sie ihm eigentlich gar nicht fehlt und auch nie gefehlt hat.

d) Es ist in Ordnung, schöne Dinge zu besitzen, doch was uns fertig macht, sind jene in ästhetischer und qualitativer Hinsicht minderwertigen Massenprodukte, in die der Verschleiß gleich mit eingebaut wird. Dass sie eines schönen Tages nicht mehr funktionieren, ist das einzig Verlässliche an ihnen. Und vielleicht ist das auch gut so: Dann kann man sie wenigstens ohne allzu schlechtes Gewissen entsorgen. Kluge Leute belassen es dabei und überlegen sich inzwischen sehr genau, ob sie den Verlust ersetzen.

Selbst Konsummuffel im ersten oder zweiten Semester werden feststellen, dass man auf Eierkocher und elektrische Dosenöffner leichten Herzens verzichten kann ebenso wie auf all jenen Schnickschnack in Küche und Keller, der sich zwischen Grüner und Silberner Hochzeit anzusammeln pflegt und von dem auch sonst niemand, der einen eigenen Hausstand gründet, verschont bleibt. Es fällt zudem leicht, sich von Softeis-, Popcornmaschinen und anderen Angebinden zu trennen, die man zu Geburts- und Gedenktagen von wohlmeinenden Zeitgenossen geschenkt bekommen hat. Gags und andere gnadenlos originelle Gaben stehen – nach den bereits beschriebenen Werbegeschenken – an zweiter Stelle auf der Hitliste der Dinge, auf die man ganz gut verzichten kann …

Denn alles, was unser Leben kompliziert macht, heillos kompliziert, ist irgendwann aus einer Laune heraus in unseren Besitz gelangt. Man weiß gar nicht so genau, wie. Man wundert sich oft über die Vielzahl von Dingen, die einem aus Kisten und Kästen entgegenquellen und derer man sich nicht selten gar nicht mehr entsinnen kann. Und das gilt auch dann, wenn man – anders als so mancher unserer Zeitgenossen – seinen Lebenssinn nicht im Shopping erblickt. Es wird einfach immer mehr, wie mit dem süßen Brei im Märchen. Wer nicht ab und zu reinen Tisch macht, erstickt im Überfluss. Täusche ich mich oder werden die Waren, die unsere „Schöne Neue Welt" täglich produziert, immer mehr, immer hässlicher und immer billiger? Mir kommt es so vor, als hätte der Ramsch die Macht ergriffen. Ramsch, wohin das Auge blickt, auf allen Ebenen, in allen Läden, auch in denen, die sich exklusiv geben. Da ist der Ramsch nur etwas teurer.¶

Qualitätsprodukte lassen sich kaum noch absetzen, weil ihre fernöstlichen Doppelgänger um ein Vielfaches billiger sind. Und das hat für Wirtschaftszweige, die sich traditionell der Qualität verpflichtet fühlen, fatale Folgen: Sie sterben so langsam aus. *Qualität ist eben nicht mehr wettbewerbsfähig. Das Billige ist der Feind des Guten geworden.*¶

Das Billige ist der Feind des Guten geworden.

Vor zwanzig, dreißig Jahren konnte mein Großvater noch sagen: „Ich bin nicht reich genug, um billig zu kaufen", und jeder verstand, was er damit meinte. Denn damals wusste man noch, dass Qualität kein leerer Wahn ist und dass zwischen einer Moulinex und ihrer japanischen Kopie Welten liegen. Man konnte sich ganz einfach darauf verlassen, dass eine Waschmaschine von AEG ewig hielt. Aber das ist alles lange her, sehr lange. Damals war die Welt noch ziemlich in Ordnung und die Dinge waren „aus Erfahrung gut". Heute zählt Erfahrung überhaupt nicht mehr, nicht einmal mehr auf dem Arbeitsmarkt, und das ist nicht nur traurig, es ist weitaus schlimmer als das: Es ist in höchstem Maße unvernünftig. Früher zählten die Fünfzigjährigen zu den besten, erfahrendsten und gesuchtesten Machern in der Wirtschaft, weil sie ihr Metier aus dem Effeff beherrschten. Heute sind genau diese Leute nicht mehr vermittelbar. Mit fünfzig zählt man heute zum alten Eisen … Gesucht werden nur noch junge, dynamische, durchsetzungsfähige und vor allem „flexible" Nieten in Nadelstreifen. Dass mit „Flexibilität" nichts weiter als Ersetzbarkeit gemeint ist, ist diesen armen Kerlen natürlich nicht klar, denn das bisschen Verstand, das unter ihren „Drei-Tage-Glatzen" steckt, wird vollständig von der nagenden Sorge um ein cooles Outfit in Anspruch genommen. Diese Knaben beten morgens vor der Arbeit erst einmal ihr neoliberalistisches Credo herunter, in dem dreiunddreißigmal das Wort „Profit" vorkommt und das mit dem denkwürdigen Satz endet: „Jesus, gib mir *just in time* das richtige *Feeling* für *leanes Management*." Danach begeben sie sich schaffensfroh an ihr tägliches Zerstörungswerk – oder sollte ich besser sagen, *schadenfroh*?❡

Doch ich werde polemisch. Wollte ich eigentlich gar nicht und es ist meiner friedliebenden Natur im Grunde genommen auch ziemlich fremd. Nur muss ich ab und zu an Horvath denken und an das, was er sagte, als er ins Exil ging: „*Nur jetzt keinen klaren Kopf behalten*". Mit allzu viel Gelassenheit, fürchte ich, werden wir nichts ausrichten … Mir wird manchmal richtiggehend übel, wenn ich an diese aalglatten Hochschulabsolventen denke, die mit ihren *Notebooks* und ihren *Laptops*, ihren *Handys* und ihren frisch gespitzten Rotstiften all das zerstören, was

Nur jetzt keinen klaren Kopf behalten.

Generationen kreativer Leute aufgebaut haben. Diese Bull-
dozer machen gerade unsere Kultur platt und wir – kultiviert
bis auf die Knochen, wie wir nun mal sind – *haben nicht einmal Phantasie genug, uns vorzustellen*, wozu diese Leute alles
fähig sind. Meistens bringen es diese Typen zu Hause nicht
mal fertig, ein *Ikea*-Möbel aufzustellen, geschweige denn
eine Lampe anzuschließen (zumindest nicht, ohne einen
Streit mit ihren Frauen anzuzetteln), während ihre Väter
Ingenieure waren, echte Pioniere mit blitzenden Augen,
geschickten Händen und einem Kopf voller Ideen.❡

Es gibt sie nicht mehr, diese Pioniere, und auch ihr Er-
findergeist scheint auf immer verloren. Es gibt sie nur noch
in meinen *Reader's Digest*-Heften. Die Kinder der KFZ-
Mechaniker, die früher Patente entwickelt haben, studieren
heute an Universitäten, an denen man *praktisch* – im
doppelten Wortsinne – nichts mehr lernen kann, weil sie
überlaufen sind und weil in den Kultusministerien genau
dieselben Nieten sitzen, die nur mit einem wirklich gut
umgehen können: mit dem Rotstift. Es ist zum *Auswachsen*.
Man könnte zum *Alkoholiker* werden, wenn man genau
darüber nachdenkt. Also denken wir besser nicht so genau
darüber nach …❡

„Der Fisch", pflegte mein Großvater zu sagen, „stinkt
immer vom Kopfe her", eine Weisheit, die in etwa so alt
sein dürfte wie die Menschheit selbst und die meine Großmutter aus ihrer hausfraulichen Erfahrung nur bestätigen
konnte. Angeblich sind die Chinesen darauf gekommen,
aber an der Waterkant weiß man das schon länger.❡

„Wenn in dieser Gesellschaft so einiges den Bach hinuntergeht – und dieses unbehagliche Gefühl dürfte jeder
haben, der nicht nur wegen der Sportnachrichten Zeitung
liest –, dann liegt das mit Sicherheit nicht an einer angeblich

nur noch ‚Fun-orientierten‘ und ansonsten ziemlich igno-
ranten Jugend. *Wir sind heute nicht dümmer als unsere
Altvordern es waren.* Woran liegt es also, dass heute ein
Abiturient und oft sogar ein Hochschulabsolvent kaum
noch einen Satz ohne orthographische Fehler schreiben
kann? Oder ohne Taschenrechner eins fünfundneunzig
und eins fünfundneunzig addieren kann?"❡

Wenn die Dinge den Bach hinuntergehen, liegt das
jedenfalls *nicht* an den jungen Leuten, sondern – blicken
wir den Tatsachen ins Auge – an uns selbst und an einem
fehlgeleiteten Schulsystem. Da beißt die
Maus keinen Faden ab. Die Spiel- und
Spaßgesellschaft, deren Auswirkungen
allenthalben diagnostiziert werden, hat
ziemlich eindeutig wirtschaftliche Gründe.

*Die Spiel- und
Spaßgesellschaft hat
wirtschaftliche Gründe.*

Man braucht keinen IQ von zweihundert um das zu
erkennen, denn das Ganze ist inzwischen ziemlich offensichtlich.

Die „*Kids*" wären auch mit weniger zufrieden, so viel
steht fest. Und sie wären, wenn man uns nur *ganz einfach* in
Frieden leben ließe, auch ebenso wissbegierig wie sämtliche
anderen Generationen vor ihnen.❡

Sie bräuchten keine Taschenrechner, um zwei und zwei
zusammenzuzählen. Und sie wüssten auch, wer Napoleon
war. Jedenfalls nicht der Typ, der mit den Elefanten über
die Alpen gezogen ist …❡

Altkleidersäcke – das Beste seit Erfindung der Bratkartoffel

Über Politik und Fische, die vom Kopf her stinken, philosophierte mein Großvater vor allem dann gern, wenn wir des Morgens auf dem Hamburger Fischmarkt einkauften und uns danach ein ziemlich ausgiebiges Frühstück gönnten – allein die fabelhaften Bismarckheringe waren schon ein Grund, sich morgens um drei aus den Federn zu schälen und den ersten Zug nach Hamburg zu nehmen. Natürlich kauften wir, wenn wir zwei-, dreimal im Jahr da waren, auch andere Dinge ein: Schuhe und Wintermäntel zum Beispiel und Weihnachtsgeschenke und Aquarellfarben für meine Großmutter, die es seltsamerweise stets vorzog, in Christianssiel zu bleiben und ihre Blumen zu malen – was ich nie so recht verstehen konnte. Damals jedenfalls nicht.❡

Für mich war Einkaufen das Höchste und auch meinem Großvater schien es Freude zu machen. Wenn er bei seinem Schuster ein Paar neuer Schuhe in Auftrag gegeben hatte (der Leisten dafür stand dort, säuberlich etikettiert, im Regal), gingen wir Tee trinken und verbummelten aufs angenehmste eine Stunde oder auch zwei, bevor wir wieder in unser meerumschlungenes Provinznest abreisten.❡

Später habe ich dann in den Städten, in denen ich leben musste, oft versucht, die wunderbare Stimmung der Einkaufsbummel mit meinem Großvater wieder einzufangen. Es hat nie so richtig geklappt und lange Zeit wusste ich nicht, woran das lag – bis ich herausfand, dass es Vergnügungen gibt, die man sich nicht zu oft gönnen sollte. Denn sonst sind es keine mehr. Eigentlich eine Binsenwahrheit. Aber ich kenne kaum jemanden, der sich ganz bewusst danach richtet.❡

Außerdem hat das Ganze noch einen anderen Nachteil: Man gibt oft ganz spontan Geld aus für Dinge, die man ein paar Stunden später vielleicht gar nicht mehr so weltbewegend findet.

Es gab eine Zeit, da sich in meinem Besitz etliche Paar Schuhe befanden, die zwar topmodisch waren, aber höchst unbequem und in denen meine ohnehin schon großen Füße nicht gerade graziös aussahen.

Und genau hier kommen wieder meine viel geliebten Müllsäcke ins Spiel – das heißt in diesem Falle handelt es sich um die ebenso praktischen Säcke der Altkleidersammlung, in die sich allzu spontane Einkäufe versenken lassen. Ich erinnere mich noch, dass ein paar Teile dabei waren, an denen noch das Etikett hing, und das ist traurig, aber leider sehr wahr. Man hat ein schrecklich schlechtes Gewissen dabei.

Seit ich einen Garten habe, kommt das immer seltener vor. Im Garten kann man wunderbar eine ganze Menge Spontaneinkäufe auftragen, Dinge, die uns nicht stehen, über die die Verkäuferin damals aber vor Begeisterung schier in Ohnmacht fallen wollte. So kann es denn passieren, dass ich einen eigentlich noch sehr schönen italienischen Kaschmirpullover trage, wenn ich meinen Komposthaufen umschichte. Wie oft habe ich ihn eigentlich getragen, als er noch neu war? Vielleicht ein Dutzend Mal? Oder weniger? Eher weniger. Denn er ist olivgrün – eine Farbe, die einer Italienerin vielleicht gut steht, in der ich aber stets ein wenig krank aussehe oder zumindest so, als hätte ich einen Kater. Dass dieses Grün nicht meine Farbe ist, merkte ich auf einer Busfahrt, als mir der Fahrer, besorgt um seine nagelneuen Sitzbezüge, ins Antlitz blickte, mir eine Tüte gab und mich mit der Bemerkung aufmun-

terte: „Na, Frolleinchen, keene Bange, Sie wern det Kind schon schaukeln", ein Satz, dessen tiefere Bedeutung mir erst mit einiger zeitlicher Verzögerung aufging ...❡

Dieser olivgrüne Pullover ist für den Garten gerade richtig, doch was macht man mit den Gewändern, die man irgendwann einmal für offizielle Anlässe gekauft hat? Ich brauchte eine ganze Menge davon damals, vor vielen und – Gott sei Dank – längst vergangenen Jahren. Ein Cocktailkleid von Yves Saint Laurent eignet sich relativ schlecht für die meisten Gartenarbeiten.❡

Ich erinnere mich noch, dass ich an einem kühlen Morgen im September zum Rosenschneiden ein uraltes Samtkleid anzog, das ich irgendwann einmal in Salzburg erstanden hatte und in dem ich aussah wie eine Mozartkugel. Schlimmer noch: wie eine Kreuzung aus einer Mozartkugel und einem von diesen Schnürpaketen, die sich der Verpackungskünstler Christo immer so ausdenkt.❡

Da es an diesem Septembermorgen außerdem noch ein wenig neblig war, sah ich im fahlen Licht der Dämmerung aus wie Lady Macbeth *nach* ihrem Ableben, als sie schon als Gespenst unterwegs war („Will these bloody hands never be clean?" Der Fluch der bösen Tat ging ihr ja nun auch zu Lebzeiten sehr auf den Geist).❡

Wen wundert's da, dass unser Nachbarshund, mit dem ich normalerweise auf ziemlich freundschaftlichem Fuß verkehre, in ein wildes Gebell ausbrach und sich weder mit Wurst noch mit guten Worten beruhigen ließ. Und Napoleon (alias Nappi) ist sonst wohlgemerkt ein ziemlich sanftmütiges und eher phlegmatisches Tier, das selbst Briefträger freundlich begrüßt und nicht einmal etwas gegen die Leute einzuwenden hat, die zum Ablesen des Stromzählers kommen. So geschah es, dass ich im Morgengrauen (das für mich seither eine ungeahnt wörtliche Bedeutung hat) von einer nicht eben zierlichen Deutschen Dogge verbellt wurde und plötzlich im Mittelpunkt des allgemeinen Interesses stand. Das besagte Festspielkostüm wanderte also wieder in den Schrank, doch hatte die Mozartkugel-Geschichte immerhin zur Folge, dass mein Mann, der es liebt, mich aufzuziehen, mir Karten für *Jedermann* schenkte (ausgerechnet!) und dass wir jetzt wieder zwei-, dreimal im Jahr übers Wochenende nach Salzburg fahren. Es ist wie eine Reise in die Vergangenheit. „Lady Macbeth" ist übrigens immer dabei und in Salzburg passt sie auch irgendwie. Jedenfalls schaut man uns dort immer ganz freundlich an und die Japaner holen ihre Kamera heraus, weil sie mich irrtümlicherweise für eine Eingeborene halten.

Im Garten trage ich seither meist ein paar uralte Jeans und einen Body, der noch aus der Zeit stammt, als Paarung angesagt war. Eigentlich wäre mir ja mein Overall lieber, ein bequemes, weites Teil, in dessen Seitentaschen sich sogar noch eine kleine Motorsäge unterbringen ließe. Doch da die Nachbarn dann gern das Gerücht in Umlauf bringen, ich sei schon wieder schwanger, habe ich davon Abstand genommen. Dieser hautenge Body und die kneifenden Jeans sind zum Unkrautjäten zwar nicht gerade ideal, aber wenigstens gibt es keine neugierigen diesbezüglichen Fragen. In diesem Body sehe ich gar nicht so schlecht aus. Leider war's das mit dem „gar nicht so schlecht" aber auch schon, denn ich sehe, denke ich mal, nur noch von hinten gut aus und bei schwacher Beleuchtung, im Licht einer fünfundzwanzig-Watt-Kellerlampe zum Beispiel. In meinem Alter muss man schon aufpassen, dass einem im Museum nicht irgend so ein Jungspund aus

Versehen eine *Seniorenkarte* verkauft … Ist alles schon passiert.

Aber apropos „Gute Alte Zeit" – der kleine Zwischenfall in der Morgendämmerung, den ich oben erwähnte, erinnert mich noch an einen Ulk aus der Studienzeit meines Großvaters, den er spätestens nach dem dritten Pharisäer zum Besten zu geben pflegte und den ich Ihnen in diesem Zusammenhang unmöglich vorenthalten kann.

Einer der Berliner Kommilitonen meines Großvaters, der junge Graf Wischinsky, erschien eines Tages im Stammcafé seines Freundeskreises sehr zur Freude sämtlicher Anwesenden in Ritterrüstung und erklärte dem verwirrten Kellner, dass er jetzt werktags alte Klamotten auftrage …

So viel zum Thema „Auftragen". Manche Dinge – mit Ausnahme von Ritterrüstungen vielleicht – sind in einem Sack der Altkleidersammlung besser aufgehoben als in fünftürigen Schlafzimmerschränken, denn merkwürdigerweise erleichtert ihr Besitz keinesfalls die Entscheidung darüber, was man anziehen soll.

Konsummuffel im dritten Semester haben da einen nachahmenswerten Trick: Sie trennen sich *ganz einfach* von allem, was sie seit mehr als zwei Jahren nicht getragen haben – obwohl einem das schon ziemlich schwerfallen kann.

Konsummuffel trennen sich ganz einfach von allem, was sie seit mehr als zwei Jahren nicht getragen haben.

Ich weiß noch, dass ich über einen kostbaren kognacfarbenen Blazer sehr nachdenken musste, ein edles Stück von klassisch strengem, zeitlosem Schnitt.

Ich habe es nur ganz selten einmal getragen, weil ich irgendwann feststellte, dass Braun – ebenso wie Olivgrün – mir nun wirklich nicht zu Gesichte steht, denn ich bin blass und helläugig und im Besitz einer Mähne von undefinierbarer, ins Müslihafte gehender Farbe, die ein freundlicher Friseur einmal als „weizenblond" bezeichnet hat. Dabei sind Friseure selten freundlich. Meistens greifen sie mit einem schlecht verhohlenen Ausdruck von Überdruss in die gelbliche Zuckerwatte, die bei mir da wächst, wo andere Leute Haare haben, und schütteln spätestens dann mit einem mitleidigen „ts, ts" den Kopf, wenn ich ihnen mitteile, dass ich dieses Wattegespinst *nicht* abschneiden und auch nicht färben lassen will. Letzthin hat mir ein noch sehr jugendlicher Figaro mitgeteilt, dass ihn die Farbe meines Haars irgendwie an Düsseldorfer Löwensenf erinnert und dass sie irgendwie *geil* sei. Na, danke bestens!❡

Doch zurück zu dem Blazer: Rote Haare hätte ich dafür gebraucht und ein Gesicht voller Sommersprossen! Aber immerhin habe ich das gute Stück seinerzeit – ich war damals noch ein junger Hupfer und stolz auf mein erstes selbst verdientes Geld – zum Schnäppchenpreis bekommen und dabei fast vierhundert Mark gespart! Es wäre ja geradezu *Verschwendung* gewesen, ihn um diesen Preis *nicht* zu kaufen.❡

Zu spät dachte ich an den Merksatz, den mein Großvater in einem solchen Fall zu zitieren pflegte. „Rabatt, mein Freund, das lass dir sagen, wird vorher immer draufgeschlagen". Mir kam damals gar nicht in den Sinn, dass ich vierhundert Mark *zu viel* ausgegeben hatte, sondern ich zog beglückt ab. Erst später merkte ich, dass das Teil überhaupt nicht zu meinen weiten Blümchenkleidern und den handgestrickten Pullovern passen wollte, denen ich als Studentin den Vorzug gab.❡

Jahrelang hing das Ding im Schrank, ganz links, wo ich es selten sehen musste, und ein Hosenanzug von irgend einem italienischen Designer, mit dem eine Freundin von mir verwandt ist, teilte dasselbe Schicksal. Welcher Teufel hat mich nur geritten, als ich einen *Hosenanzug* kaufte, in dem ich aussehe wie ein Nachwuchsmafioso?

Und was hat mich nur dazu getrieben, ein kleines Schwarzes zu kaufen? In Schwarz sehe ich mit meinem blassen Teint und meinen angeblich weizenblonden Haaren (siehe oben) aus wie vom Tode gezeichnet, während einer Freundin von mir, einer blauäugigen Schneewittchenschönheit, in einem solchen Kleid sämtliche Männer zu Füßen liegen, selbst noch der jeweilige Hausmeister des Gebäudes, in dem sie sich gerade befindet.

Mir hat noch keiner zu Füßen gelegen, damals ebenso wenig wie heute. Nicht einmal ein Hausmeister. Im Gegenteil. Ich wurde stets kritisch von oben bis unten gemustert, wenn ich in meinen bequemen, romantischen Flatterröcken ein Gebäude betrat, in dem Geld verdient wird. Irgendwie scheinen alle zu befürchten, ich würde fürs Müttergenesungswerk sammeln oder für den Tierschutzbund, weil ich ein wenig vegetarisch aussehe ...

Dieser Blick sagte mir denn auch, dass ich meinen Kleidungsstil deutlich würde ändern müssen, wenn ich meine Brötchen an einer dieser unwirtlichen Stätten verdienen müsste.

Als ich mit dem Studium fertig war, änderte ich ihn dann auch, trug ein paar Jahre lang Tailleurs und Seidenblusen sowie -strümpfe zu Schuhen, in denen ich erst mal laufen lernen musste, vollendete italienische Designerobjekte mit spiegelglatten, diamantharten Sohlen, die etwa so bequem waren wie eines dieser mittelalterlichen Fußeisen, die man in den Kriminal- und Foltermuseen dieser Welt besichtigen kann.

Irgendwann hatte ich von alledem genug. Aber man braucht stets eine Weile, bis man erkennt, dass dieser Punkt erreicht ist. ¶

Bei mir kam es so: Eines kalten Wintermorgens stöckelte ich wie gewohnt zur Arbeit und erschrak plötzlich, als ich mich ganz unvermittelt selbst in der Fensterscheibe einer Buchhandlung sah: Ich hatte mich nämlich im ersten Augenblick gar nicht erkannt in der Verkleidung. ¶

War das wirklich ich, diese androgyne Frau in Nadelstreifen mit dieser ach so praktischen Kurzhaarfrisur? Die Wahrheit traf mich wie ein Schlag. Konnte wirklich ich das sein, die noch wenige Jahre zuvor nur in Laura-Ashley-Kleidern anzutreffen war? Warum in Gottes Namen hatte ich mir nur die schulterlangen Haare abschneiden lassen? Was ist an Kurzhaarfrisuren nur so praktisch? Dass man alle sechs Wochen zum Nachschneiden muss? ¶

Ich stand da in klirrender Kälte und starrte das an, was ich als mein Spiegelbild zu akzeptieren hatte. Mir wurde noch kälter und ich versuchte, an mir vorbei auf das zu sehen, was sich hinter der Scheibe befand. Nun gefiel es dem Schicksal, dass ich an diesem denkwürdigen 14. Dezember 1985 just an der Bushaltestelle vor der einzigen deutschsprachigen Buchhandlung in Genf stand und dass im Schaufenster ein Plakat mit einem Brecht-Gedicht hing:

Vergnügungen	*die Zeitung*
Der erste Blick	*der Hund*
aus dem Fenster	*die Dialektik*
am Morgen	*Duschen, Schwimmen*
das wiedergefundene	*alte Musik*
alte Buch	*bequeme Schuhe*
begeisterte Gesichter	*begreifen*
Schnee	*neue Musik*
der Wechsel	*Schreiben, Pflanzen*
der Jahreszeiten	*Reisen, Singen, freundlich sein*

Ich las diesen Text, fingerte mit zitternden Händen einen Stift und ein Blatt Papier aus der Tasche und schrieb ihn ab, verpasste meinen Bus, der gerade in diesem Augenblick eintraf, kündigte ein paar Stunden später den Job, den ich damals tat, fuhr nach München, gründete eine Buchhandlung, traf den Mann meines Lebens und bin seither glücklich. Ich habe wieder lange Haare und trage, was mir Spaß macht, jedenfalls *keine Nadelstreifen* oder das, was man damals sonst von mir erwartete. Vor allem trage ich nur noch bequeme Schuhe, denn besser, finde ich, kann man sein Geld gar nicht anlegen.¶

Kleider machen Leute, aber Kleider machen Leute auch unglücklich, ohne dass sie es ahnen. Denn die Dinge, die wir tragen, drängen uns womöglich in die Rolle einer Person, die wir gar nicht sind. Einer Person, die uns innerlich auch völlig fremd ist, ebenso fremd vielleicht wie der Job, den wir tun …¶

„Verlass dich in allen Dingen dieses Lebens, in den wichtigen wie den weniger wichtigen, auf dein Gefühl und deine Intuition", riet meine Großmutter Sophie-Louise. „Höre immer zuerst auf die Stimme deines Herzens, denn das Herz kennt Gründe, die dem Verstand gar nicht in den Sinn kommen. Und mache nie, wirklich nie, eine Entscheidung in deinem Leben vom Gelde abhängig. Wähle einen Beruf, der dir Freude macht, und keinen Job, der nur Geld einbringt, denn das rächt sich immer …"¶

Verlass dich in allen Dingen dieses Lebens auf dein Gefühl und deine Intuition.

Was genau meine Großmutter mit diesen Dingen meinte, soll an anderer Stelle noch einmal erörtert werden. Es ist nämlich zu wichtig, als dass man es hier so ganz nebenbei abhandelt, denn niemand kann glücklich werden, der das,

52

was er täglich tut, nicht wirklich liebt. „Das ist der Schlüssel zum Glück", behauptete Sophie-Louise und ich bin geneigt, ihr das auch abzunehmen. Sie wusste, wie man *ganz einfach* lebt.

Es ist nie zu spät, etwas zu ändern. Vielleicht bringt Ihre ganz persönliche Müllsack-Strategie noch andere Dinge in Bewegung. Das ist nie so ganz auszuschließen. Wer ein oder auch zwei verregnete Wochenenden mit Aufräumen und Aussortieren verbringt, dem eröffnen sich möglicherweise ganz neue Ein- und Aussichten.

Machen Sie mit. Lassen Sie sich dazu verführen, auf Ihre innere Stimme zu hören und vor allem auf das, was man früher einmal als den „gesunden Menschenverstand" bezeichnet hat, unser natürliches Gefühl nämlich für das, was richtig ist und was nicht. Und für das, was getan werden muss und nicht getan werden darf.

Darf man eine Kreuzung aus Mensch und Schwein klonen, wie es gegenwärtig gerade geschieht? *Darf* man den Globus plündern, um Müll zu produzieren? Wer braucht eigentlich diese Milliarden von Tonnen an Überflüssigem, die täglich zu Wasser, zu Lande und zu Luft unterwegs sind? Wer ist eigentlich der Nutznießer der Großen Verschwendung – wir oder „die Wirtschaft"? Stimmt dieser Satz von den angeblich „selbstregulierenden Kräften des Marktes" eigentlich wirklich? Geht es uns wirklich „gut, wenn es der Wirtschaft gut geht"? Warum muss sich „alles rechnen?", selbst Krankenhäuser und Altersheime und andere Institutionen, die man einmal als *gemeinnützig* bezeichnet hat und für die wir ja wohl Steuern und Versicherungsbeiträge zahlen – und das nicht zu knapp.

Das sind so die Fragen, die sich Konsummuffel im vierten und Aufmüpfige im ersten Semester stellen. Das sind diejenigen, die sich über Dolly & Co und vieles mehr ihre eigenen Gedanken machen und die inzwischen ein leiser Ekel ergreift, wenn sie zur Fernbedienung greifen – und die *alle junk-mail* ungelesen entsorgen.❡

Junk

Junk ist keine neue Musikrichtung oder eine Gegenbewegung zu *punk, junk* ist ganz einfach *Schrott, Ramsch, minderwertiges Zeug* – oder *Tinnef,* wie's mein Großvater nannte, Zeug, das nicht direkt unnütz, aber auch nicht zu viel zu gebrauchen sei. Im Drogenjargon bezeichnet *junk* überdies den *Stoff,* aus dem die Träume der *junkies* sind, Halluzinogene im weitesten Wortsinne, auch Psychopharmaka, all das eben, was *pill-junkies* brauchen.❡

Der *junk,* mit dem man uns täglich abzuspeisen versucht, soll im Grunde ähnlich wirken: Er kostet Geld, viel Geld, macht außerdem süchtig und fördert, um es vorsichtig auszudrücken, nicht gerade die Denkfähigkeit.❡

Doch zum Entsetzen der Werbebranche entziehen sich immer mehr Zeitgenossen, denen man das Denken noch nicht abgewöhnt hat, inzwischen nach Kräften den allenthalben angebotenen Glückssurrogaten.❡

Beim Anblick von *Flyern, Leaflets und Mailings* oder wie auch immer die schönen bunten Werbebotschaften heißen, die tagtäglich unsere Briefkästen zumüllen, rührt sich inzwischen Widerstand: Vernünftige Leute entsorgen diese *junk-mail* kurzerhand, ohne sie überhaupt zu lesen.❡

Denn der *Schrott,* mit dem wir unablässig sehr zur Freude der Deutschen Post flächendeckend überzogen werden, wirbt auch nur für *junk,* für *Tinnef* eben, für all den Ballast, der uns am Boden hält. Die Streuverluste in der Werbung werden immer größer, was die Werbefritzen ganz nervös macht: Sie können sich auch nicht so recht erklären, woher diese plötzliche, unberechenbare *Unlust* kommt. Nur noch sozial wenig kompetente Menschen – um einen politisch korrekten Ausdruck für die konsumfreudigen Fernsehsüchtigen zu wählen, die nicht gerade die tiefen Teller erfunden haben, aber jederzeit einen *Jackpot* definieren könnten ("Ein *Jackpot* ist, wenn …") –, nur solche Fußkranken freuen sich noch über scheinbar persönliche Anschreiben, in denen ihnen mitgeteilt wird, dass sie eine Reise auf die Seychellen gewonnen haben oder irgendwo anders hin, wo der Pfeffer wächst.

Wer denken kann, entsorgt jede Form von *junk-mail* sehr schnell und empfindet dabei etwas Seltsames: Es macht Spaß!

Ab und zu sollte jeder, der etwas mit Werbung zu tun hat, im Rahmen seiner beruflichen Weiterbildung ein Postamt besuchen und sich ganz unauffällig einen Vormittag lang bei den Schließfächern herumtreiben. Was er da zu sehen bekommt, würde seinen Glauben an die Allmacht der Werbung und an ihre jahrzehntealten Dogmen ("*Wer nicht wirbt, der stirbt*") sehr erschüttern. Da feuern die Adressaten ihrer höchst raffinierten Werbebotschaften doch tatsächlich und offensichtlich auch noch *lustvoll* ihre kostbaren Sendschreiben in Papierkörbe, die nur unwesentlich kleiner sind als ein mittleres Getreidesilo. Dieser Anblick muss jeden frustrieren, der Tag für Tag im Schweiße seines Angesichts an einem Rechner hockt und ab und zu an die Zeit in seinem Leben zurückdenkt, als er Werbung für etwas *Kreatives* hielt und überzeugt war, dass sich alle Menschheitsprobleme per *Brainstorming* lösen lassen, durch das bloße assoziative, spielerische Sammeln von allen möglichen und unmöglichen Ideen.❡

Professionelle Brainstormer sind der Überzeugung, dass die Königsidee auch dabei sein müsse. Denn wer seine kleinen grauen Zellen so richtig auf Trab zu bringen verstehe, dem könne im Leben eigentlich gar nichts fehlschlagen ...❡

Pustekuchen. Ideen gibt es mehr, als dieser Welt gut tun – denn leider sind es fast immer *Geschäftsideen*. Was man früher unter Idealismus verstand, ist inzwischen *out* ebenso wie jede Form von Begeisterung oder gar weltverbesserndem Enthusiasmus. Wo kämen wir da hin? Immer schön cool bleiben! Nur keine Begeisterung, jedenfalls nicht für Dinge, die keinen Profit abwerfen, lautet die Devise.❡

Ideen gibt es mehr, als dieser Welt gut tun.

Was die Artdirektoren dieser Welt allerdings noch nicht mitbekommen haben, ist: Es gibt immer mehr Menschen, die sich weigern, nur noch in ihrer Eigenschaft als Verbraucher oder Chipkarteninhaber gesehen zu werden. Auch scheint es ihnen eine geradezu *perverse* Freude zu bereiten, auf Dinge zu verzichten, die ihnen doch eigentlich Spaß machen müssten.❡

Das sind die Leute, die Bücher kaufen wie dieses und sie dann auch noch lesen. Und solche, die schon seit einiger Zeit auf Dinge zu verzichten gewöhnt sind, von deren Unverzichtbarkeit die Werbung uns täglich zu überzeugen versucht.❡

Dabei ist Verzicht nun wirklich das Allerletzte, was die Artdirektoren gebrauchen können. Ein Artdirektor ist nebenbei gesagt nicht so eine „Art" Direktor, sondern einer der Obermimer einer Werbeagentur. Die Bezeichnung *Art* – englisch für *Kunst* – geht auf das Selbstverständnis der

Graphik-Designer zurück, dass das, was sie da produzieren, *Kunst* sei. Meine Großmutter hat sich über diese „Art" Direktoren immer sehr amüsiert und über ihre Design- oder Nichtsign-Allüren. „Konsum und Kultur", sagte sie, „haben in etwa so viel miteinander zu tun wie ein Hotdog mit einem Konzertflügel." Sie war schon manchmal etwas drastisch, die alte Dame, doch sie wusste, wovon sie redete. Denn sie war nicht nur Malerin, sondern sie liebte auch Brahms und die leisen Töne.

Aber apropos Hotdog: In Amerika und sicher bald auch bei uns gibt es inzwischen überdimensionale Grillwürste, die auf Taxidächern daherkommen. So verzweifelt sind die Werbefritzen inzwischen. Sie machen vor nichts mehr Halt.

Was hätte Sophie-Louise Brahm dazu nur gesagt? Dass die Dinger irgendwie unanständig aussehen, und wer genau hinsieht, wird dasselbe finden. Kein Mensch, der noch einen Funken ästhetischen Gefühls in sich hat, behauptete sie, könne den Anblick unseres urbanen Raumes inzwischen länger als ein, zwei Stunden ertragen. „Wen wundert's, dass die Innenstädte des Abends menschenleer sind? Es gibt schließlich nichts Deprimierenderes als Kitsch und Kommerz in Kombination." *Visuelle Umwelt-verschmutzung* nannte sie das und dies sei vielleicht sogar noch schlimmer als die (akustische) Dauerrundumberieselung, denn die lässt sich wenigstens irgendwann abstellen. Aber man könne nicht immerzu die Augen verschließen vor dem, was einfach nur hässlich ist. Da helfe lediglich eines: Flucht. Tatsächlich werden unsere Innenstädte immer unerträglicher. Mir jedenfalls schlägt sich ihre trostlose Unwirtlichkeit stets so aufs Gemüt, dass ich sie nur noch mit einer Anstaltspackung Pralinen überlebe. Ich übertreibe hier keineswegs. Ich übertreibe überhaupt sehr selten, wie gesagt ...❡

Dass ich damals in Genf in einer Werbeagentur arbeitete, hat meine Großmutter mir übrigens sehr übel genommen, aber ich dachte mir, Anfang der Achtziger, nichts dabei. Ich fand es im Gegenteil überaus spannend und fühlte mich der Bohème zugehörig. Ich war jung, der *Job* machte mir Spaß und am Wochenende fuhr man nach Chamonix ... Dass ich fünf Tage die Woche Sprüche klopfte, deren literarisches Niveau nicht über „Aua, sprach der Baua" hinausging, wurde mir erst später klar – als ich vor der Buchhandlung am Quaie des Orfèvres den Bus verpasste. Ich erinnere mich noch, dass ich damals an einem Projekt arbeitete, mit dem Kleinkinder spielerisch an ihre staatstragende Rolle als Verbraucher herangeführt werden sollten. Wir studierten damals intensiv sämtliche Tricks, mit denen man Babys zum Lachen bringen kann – und mir war zum Heulen. Ich packte meine Koffer und bin heute noch froh darüber.❡

Wir haben unsere eigenen Babys zum Lachen gebracht ohne *Diddle* und *Pokémon* und *Teletubbies* und wie sie alle heißen ... Wussten Sie übrigens, dass *to diddle* ein amerikanischer Slangausdruck ist, der so viel heißt wie *betrügen, besch..., übern Tisch ziehen?* Wer sollte sich darüber auch wundern? Jeder, der in diesem System groß geworden ist, weiß, wie es funktioniert. Und er weiß auch, dass es alles andere als leicht ist, gegen den *Mainstream* anzuschwimmen.❡

2

Von
Bedürfnisproduzenten,
Zeitgeistingenieuren
und jenen
„Fun-damentalisten"
(die fröhlich den
Planeten plündern
und die Menschheit
nur noch in ihrer
Eigenschaft als
Chipkarteninhaber
wahrnehmen)

„Wisst ihr eigentlich",
fragte meine Großmutter
eines Abends,
„dass man in Schillers
schönen Satz:
,Der brave Mann denkt
an sich selbst zuletzt'
ein Komma geschmuggelt hat?"
„Nun", sagte sie, „heißt es:
,Der brave Mann denkt an sich,
selbst zuletzt'."
Es lebe der kleine Unterschied!
Das Kunststück mit dem Komma
haben übrigens
die Bedürfnisproduzenten[1] dieser
Welt ganz alleine fertiggebracht.

---

[1] Den Begriff *Bedürfnisproduzent*, der in diesem Buch eine (leider) zentrale
Rolle spielt, verdanke ich Eike Christian Hirschs klugem Buch *Alles easy*,
das überhaupt niemand lesen kann, ohne sehr nachdenklich zu werden.

Generationen kommen, Generationen gehen, nur eine Hirschlederne bleibt bestehen: Von Lederhosen und anderen leider allzu haltbaren Dingen

Was würde aus unserer Wirtschaft, wenn plötzlich jeder nur noch das kaufen wollte, was er braucht? Mit diesem Killerargument begegnet man üblicherweise all den Ewiggestrigen, die noch nicht verstanden haben, dass *Stillstand Rückschritt* ist und *Nullwachstum eine globale Katastrophe* und dass das *Leben den bestraft, der zu spät kommt.* Klar. Weiß inzwischen jedes Schulkind.¶

Dabei hat Gorbatschow mit diesem denkwürdigen Satz etwas völlig anderes gemeint und ich schätze mal, dass der gute Mann selbst mit Sorge betrachtet, was unsere High-Speed-Gesellschaft daraus gemacht hat. Denn damit lässt sich der Stress, den wir alle ohnehin schon haben, immer noch ein wenig steigern. Autofreaks wissen es längst: Durch geschicktes Frisieren lässt sich aus jedem Motor das Äußerste herausholen.¶

Killerargumente haben es an sich, dass man nichts oder nicht zu viel dagegen einwenden kann. Dass sie oft von völlig falschen logischen Voraussetzungen ausgehen, merkt man meistens dann, wenn's zu spät ist. Die besten Gegenargumente fallen einem erfahrungsgemäß ja immer erst hinterher ein.¶

Einfach leben ist jedenfalls alles andere als einfach – schon weil unsere Entscheidungen andere Menschen in unserer Umgebung mit betreffen und weil sie ihrerseits von unseren Ideen selten ebenso begeistert sind wie wir. Denn niemand von uns ist eine Insel. Was also nützt eine brillante Idee, wenn sie sich nicht in die Tat umsetzen lässt? Und

was nützen alle guten Vorsätze, wenn die Kinder Turnschuhe der Marke *XY Ungelöst* brauchen und man sich
ihrer Logik auch schlecht entziehen kann? Denn beun-
ruhigenderweise hat unser Nachwuchs
die Sache mit den Killerargumenten ziemlich schnell heraus gehabt. Will man etwa
dafür verantwortlich sein, dass sie den
Rest ihrer Schulzeit als Außenseiter verbringen müssen? Denn wie jedermann weiß, sind sie uner-
bittlich, die Regeln, die das soziale Miteinander unserer
Kinder beherrschen.

*Einfach leben ist
jedenfalls alles andere
als einfach.*

Was macht man da? Liest man seinem Nachwuchs ein
barockes Gedicht vor, dass alles eitel sei, oder setzt man
ihm auseinander, dass dieser Markenkult ja doch von Leuten erfunden sei, die damit das große Geld machten? Nein.
Man geht hin und kauft ihnen eben die *Nikes* ihrer Träume
oder diese Klapproller oder was immer sich unser allein
selig machendes Wirtschaftssystem an Neuem ausdenkt.
Man will ja auch irgendwann seine Ruhe haben.

Obwohl mir in letzter Zeit immer öfter der ketzerische
Gedanke kommt, was eigentlich wäre, wenn dieses Wirtschaftssystem, nun, sagen wir, eines natürlichen Todes sterben würde; oder wenn es wenigstens ein bisschen vor sich
hin kränkelte. Nicht schlimm, nur gerade so viel, dass die
großen Sprünge nicht mehr möglich sind. Nicht auszu-
denken, oder? Würden unsere Kinder dann wieder mit
Murmeln spielen statt mit *Joysticks*? Würden sie wieder auf
Bäume klettern und Bäche anstauen und im Wald Buden
bauen und eine allgemein verständliche Sprache sprechen,
statt pausenlos irgendwelche *up-dates downzuloaden?*

Sicher würden sie das. Denn Kinder sind Kinder. Sie
sind heute nicht anders als früher. Nur stehlen ihnen inzwi-

schen unsere Bildschirmwelten die Kindheit, die sie eigentlich haben *könnten.*

Aber natürlich sind das alles nur Phantasien einer manchmal geplagten Mutter, die genau weiß, dass eher die Welt untergeht als die Firma Microsoft.

Ab und zu gönne ich mir den Luxus, mich an meine eigene Kindheit in den Fünfzigern und frühen Sechzigern zu erinnern, und dann frage ich mich, ob wir wirklich alles besser machen heute. So langsam habe ich da meine Zweifel.

Denken Sie nicht auch manchmal an die endlosen Sommerferien Ihrer Kindheit zurück, als uns ein einziger Tag so lang erschien wie eine Woche? Wäre es nicht ein Glück, die Zeit wieder so empfinden zu können wie damals? Aber wie macht man das?

Vielleicht findet sich ja ein Hinweis auf das Geheimnis unserer Kindheit, wenn wir ab und zu darüber nachdenken. Denn dabei fallen einem ganz plötzlich wieder Dinge ein, die wir heute vergessen haben und die, wenn man's genau nimmt, eigentlich gar nicht so übel waren.

Natürlich ging es uns damals, materiell gesehen, nicht so gut wie heute. Es nützt auch gar nichts, das in Abrede stellen zu wollen. Die Frage ist nur: Machen uns die Dinge, die wir besitzen, reicher?

Früher waren neue Sachen etwas sehr Ungewöhnliches, weil alle nur die Kleider trugen, aus denen die großen Geschwister oder die älteren Cousins und Cousinen herausgewachsen waren. Nach dem Münchhausenschen Motto: *Generationen kommen, Generationen gehen, nur eine Hirschlederne bleibt bestehen* wurden da Lederhosen – wie sagt man heute? – *recycelt.* (Ein schönes Wort, nicht? Und passt sich vor allem grammatikalisch so gut an: *ich recycle, du recycelst, er, sie, es* recycelt etc. etc.; aber noch *cooler* ist natürlich das oben genannte *downloaden: ich loade down, du loadst down* und so weiter. Klingt fast ein bisschen oberbayerisch. Doch ich will nicht vom Thema abkommen.) Heute sind Lederhosen natürlich *out*, weil die Dinger dummerweise allzu lange halten. Früher *recycelte* man auch Wintermäntel und Schlittschuhe, Puppenhäuser, Bilderbücher und leider auch jene entsetzlich kratzenden Pullover, die von Groß- und anderen Müttern notfalls aufgeribbelt und neu gestrickt wurden. Das hielten wir nun wirklich für überflüssig, aber ansonsten fand niemand von uns etwas dabei, die Sachen anderer Kinder zu tragen. Ganz im Gegenteil. Irgendwann Anfang der Sechziger kamen so wunderbar weiche Nickis auf, die das Pulloverproblem ein für alle Mal lösten, und wir fanden sie herrlich. Es gab sie in Grün und Blau und sie passten fabelhaft zu den Lederhosen, in denen wir lebten. Und dass weder Jacke noch Hose neu waren, störte niemanden. Auch fand keiner etwas dabei, dass uns all diese Sachen selten passten. Sie waren entweder zu klein oder zu groß, aber das war ganz einfach normal. So normal übrigens, dass wir andere Kinder, die gut angezogen zum Spielen kamen, nur mit Skepsis betrachteten. Und tatsächlich hatte unser feiner Stadtbesuch fast nie eine Ahnung, wie man zum Beispiel eine Bude baut. Sie waren nicht einmal zum Moossuchen (für die Teppichböden, die wir darin stets verlegten) zu gebrauchen. Denn Moos macht Flecken, gegen die selbst Frau Clementine machtlos war. Das ist heute noch genauso. Allzu viel Moos schadet bloß ...❡

Normal war es übrigens damals – bevor wir eine andere Vorstellung von dem entwickelten, was *normal* ist und was nicht – auch, dass man den Großen selbstverständlich half, beim Tischdecken und Abtrocknen zum Beispiel und beim Einmachen natürlich, wobei eine Menge Kirschen und Himbeeren und Erbsen oder was immer gerade in Arbeit war für die vielen Helfer abfiel.¶

Ist es nur Nostalgie oder ein Zeichen vorzeitiger Vergreisung, wenn ich mich an jene unendlich langen Abende im Herbst erinnere, an denen wir weit draußen in der Marsch am Kartoffelfeuer saßen und die köstlichen kleinen „Tuffeln" aus der Glut angelten und dabei Geschichten erzählt bekamen „von früher", von noch früher?¶

Ich weiß nicht, wie es Ihnen damit geht, aber für mich sind diese Kindheitserinnerungen so schön, so unerträglich schön, dass ich mir ab und zu darin zu schwelgen erlaube, so, wie andere Leute ins Café gehen und sich ein Stück Schwarzwälderkirschtorte oder Frankfurter Kranz genehmigen. Ich brauche nur eine heiße Schokolade zu trinken, den Kakao meiner Kindheit, den mein Onkel Jan-Willem immer mitbrachte, und schon sind sie da, die Erinnerungen an Christianssiel und an eine Kindheit voller Glück.¶

Liegt das nun daran, dass man alt wird? Mit etwas über vierzig fängt man zwar an, „nicht mehr jung zu sein", aber alt fühle ich mich deswegen noch nicht.¶

Vielleicht liegt der Grund ganz woanders: Unsere „Schöne Neue *High-Speed-Welt*" ändert sich in einem solch atemberaubenden Tempo, dass heutzutage die Vierzigjährigen schon mit den Dreißigjährigen nicht mehr mitkommen und die Dreißigjährigen (die sogenannte *X-generation*) ihrerseits kaum noch etwas mit den Zwanzigjährigen (*der W- oder new generation*) gemeinsam haben. So ist das.¶

Früher saß meine *Urgroßmutter* (und die war nun *wirklich* alt) im Lehnsessel und schüttelte den Kopf über Miniröcke und Beatles-Frisuren, heute fehlt schon Jeansträgern

mittleren Alters jedes Verständnis für jene *hypercoolen Girlies* oder *Grrrls*, die nicht einmal Kaffee kochen können und die auch nicht den blassesten Schimmer davon haben, wer Florence Nightingale war, die dafür aber genau wissen, was ein multipler Orgasmus ist – und das nicht etwa nur aus dem Aufklärungsunterricht.❡

Bin ich jetzt prüde? Sicher. Aber es ist mir ziemlich egal. Ich bedauere es jedenfalls, wenn sich inzwischen schon zehnjährige Mädchen herausputzen wie kleine *donnas*, weil es ihnen das Übermaß an Hormonen in unserer Nahrung gebietet. Unserer wunderbaren Wirtschaft passt das offensichtlich ganz gut ins Konzept: Eitle Zehnjährige werfen nämlich fabelhafte Renditen ab. Zu meiner Zeit (eine altmodische Formulierung, ich weiß, ich weiß, aber ich bin nun mal ganz gern so altmodisch), zu meiner Zeit also hatte man mit zehn noch mindestens drei, vier Jahre Kindheit vor sich.❡

Angeblich ist ja „früher immer alles besser gewesen" und jeder von uns dürfte diese Behauptung aus seiner eigenen Jugend kennen. Wahrscheinlich ist der Vorwurf so alt wie die Menschheit selbst. Das erinnert mich an die Geschichte von der Bäuerin auf der Schwäbischen Alb, mit der wahrscheinlich nicht gerade gut Kirschen essen war: Sie soll eines schönen Wintermorgens vor die Tür ihres Hauses getreten sein und prüfend eine Hand voll Schnee aufgenommen haben, die sie höchst kritisch prüfte und abschließend mit einem geringschätzigen: „S'isch aa nimmi dis" bewertete.❡

Natürlich sind die Dinge „nimmi dis", was sie mal waren. Und das ist manchmal auch ganz gut so. Es gibt zum Beispiel die besagten kratzenden Pullover nicht mehr und auch Kittelschürzen aus Nyltest gehören der Vergangenheit an.

Zum Glück sind auch Pfennigabsätze, Schnabelbrillen und Hüfthalter ebenso passé wie andere Versatzstücke der Wirtschaftswunderzeit, vom Kamelhocker bis zum Nierentisch. Und diese kunstvoll aufgetürmten Hochfrisuren, die immer so aussahen, als hätte eine fünfköpfige Spechtfamilie darin Platz zum Nisten, dürften auch keine Chance auf ein Comeback haben. Und das ist doch eigentlich ganz gut und schön.¶

Oder etwa nicht? Ich meine, dass es keine rutschenden Socken mehr gibt, das ist doch nun wirklich ein Fortschritt. Heute entsorgt man diese Fußbekleidung kurzerhand, sobald das Gummi seine Halbwertszeit überschritten hat. Denn bekanntlich lohnt es sich ja nicht, die Dinge zu reparieren. Angeblich ist es einfacher und *wirtschaftlicher*, sie durch neue zu ersetzen. Das gilt für Socken ebenso wie für Fernseher, für Beziehungen, elektrische Zahnbürsten, Sofas, Turnschuhe und so weiter und so weiter, und wenn ich mich nicht täusche, ist die Lebenserwartung all dieser Dinge – einschließlich der Beziehungen – in den letzten Jahren immer geringer geworden: Kaffeemaschinen zum Beispiel machen die Mücke nach einer exakt vorprogrammierten Menge von Brühvorgängen und selbst die Marken, die man früher mit Qualität assoziierte, lassen inzwischen in ihre Produkte das mit einbauen, was die Fachleute die „Soll-Bruchstelle" nennen. Auch Beziehungen haben solche Soll-Bruchstellen, über die man allenthalben, ob man nun will oder nicht, Näheres erfährt: Wenn's mit dem Sex, dem Maß aller Dinge, nicht mehr so richtig klappt, das heißt, wenn die wilde, verwegene Jagd auf der Bettumrandung nur noch einmal monatlich stattfindet, dann ist es allerhöchste Zeit für einen neuen Partner. Das zumindest wird man nicht müde, uns zu versichern, denn in eingeweihten Kreisen weiß man sehr genau, dass schließlich jeder Schwachsinn geglaubt wird, so man ihn nur oft genug wiederholt.❡

Ich behaupte hier wohlgemerkt nicht, dass „früher alles besser war". Die „guten alten Zeiten" hatten wohl schon immer die Eigenschaft, dass sie uns umso idyllischer erscheinen, je länger sie zurückliegen.❡

Doch ich habe (ähnlich wie Sie, schätze ich mal) so meine Zweifel daran, dass der völlig hemmungs- und rücksichtslose Individualismus, zu dem man uns seit dreißig Jahren zu erziehen versucht, unter die Kategorie „Fortschritt" fallen dürfte. Es ist schon fast so etwas wie eine Massenpsychose daraus geworden, aus der sich zu lösen einem jeden von uns extrem schwerfallen dürfte.❡

Dass wir in einer konsum- und funorientierten Spaßgesellschaft leben, ist niemandem von uns neu. Und dass Ideale *out* sind und Kickboards *in*, ebenso wenig.❡

Es geht uns, materiell gesehen, so gut wie nie zuvor und doch weiß, spürt, ahnt ein jeder, dass die Seele dabei auf der Strecke geblieben ist.❡

Aber warum eigentlich? Wie konnte uns in nur wenigen Jahrzehnten das abhanden kommen, was seit Menschengedenken zu uns gehört? Wieso sind Solidarität und echtes Mitgefühl – statt eitel zur Schau getragener Betroffenheit – plötzlich *megaout*? Und warum scheint unser Gefühlsleben nur noch von *Coolness* geprägt zu sein, diesem neuen aus Ignoranz und Gleichgültigkeit gekreuzten Ideal, das von uns verlangt, nur ja keine Begeisterung zu zeigen, außer für ein *cooles Outfit* natürlich, oder auch nur eine innere Beteiligung an dem, was um uns herum vor sich geht.❡

Wer sich diese Frage stellt und sich überdies zu glauben weigert, dass die Menschen heute wesentlich anders sind als vor hundert, zweihundert oder auch zweitausend Jahren, der hat schon begonnen, gegen den Strom zu schwimmen und ein Problem für jene Bedürfnisproduzenten darzustellen, die für diese globale Gehirnwäsche verantwortlich sind. Und wer sich ab und zu den Luxus gönnt, sich alter Zeiten zu erinnern, dem erscheinen all diese Dinge ohnehin in einem ganz anderen Licht. Halten wir das mal fest: Aufmüpfige im ersten Semester vergleichen das, was heute gilt, mit dem, was bis vor kurzem noch Gültigkeit hatte, und wundern sich erst einmal.❡

Aufmüpfige vergleichen das, was heute gilt, mit dem, was bis vor kurzem noch Gültigkeit hatte, und wundern sich erst einmal.

Über die schwierige Kunst gegen den Strom zu schwimmen oder gegen das, was man Mainstream nennt

Ich fürchte, es gehört eine ganze Menge Mut und Grips und Durchhaltevermögen dazu, anders zu leben als andere, und wer es unternimmt, macht sich besser auf einige Überraschungen gefasst. Denn man weiß nie so genau, was auf einen zukommt.❡

Machen wir uns nichts vor: Wer anders leben will, kann genauso gut seine Zelte auf der Überholspur der Autobahn München-Salzburg aufstellen.❡

Denn wo kämen wir da hin, wenn *verzichten* Mode würde? Das ist die Logik unserer „Schönen Neuen Welt", in der für den, der ihren Regeln gehorcht, alles aufs wunderbarste eingerichtet ist. Wer auf ein bequemes, aus gemütlichen Fernsehabenden und gelegentlichen Flugreisen bestehendes Leben Wert legt, hält sich besser daran. Wer allerdings findet, dass es „im Leben doch mehr als alles geben" muss und etwas zu ändern versucht, vielleicht sogar etwas zu *bewegen*, der kann was erleben, denn gegen den *Mainstream* ist kaum anzukommen.¶

Für alle, die vor 1940 geboren sind, sei hier angemerkt, dass mit dem klangvollen Wortimport *Mainstream* nicht etwa der Fluss gemeint ist, der Frankfurt am Main von Frankfurt an der Oder unterscheidet, sondern die allgemeine Richtung der Trends und Moden, der Normen und neuen Werte, die gerade *angesagt* sind und aus denen sich unser Alltag zusammensetzt. Eigentlich ist der *Mainstream* ein Begriff aus der Jazzszene und nur Eingeweihte haben eine ungefähre Ahnung, wie diese „Hauptströmung" augenblicklich aussieht. Meistens ist sie gerade dabei – so klingt's im O-Ton –, die *Grenzen des Acid-Jazz zu sprengen und in einem kühnen Crossover zu neuen Ufern aufzubrechen.* Denn Grenzen sprengen macht sich immer gut. Das haben die beiden *Mainstreams* gemeinsam.¶

Die Devise lautet: *Nur weg mit allem, was älter ist als deine Turnschuhe!* Ein bisschen *Funk*, ein bisschen *Soul*, eine Spur *Kuschelrock*, etwas *Hiphop* und fertig ist der *Remix*, der so eine Art Cocktail darstellt aus allem, was Spaß macht. Das ist in der Mode nicht anders. Und auch im richtigen Leben wird munter gemixt. Erlaubt ist, was gefällt, solange man vom *Mainstream* nicht abweicht: *Nimm dir, was du kriegen kannst*, lautet die Parole. *Sei spontan, genieße erst und zahle später. Don't worry, be happy*, denn nur wer gut drauf ist, ist *hip*. Trantüten und andere Ewiggestrige, Eltern zum Beispiel, und all die Leute, die bei *hip* an Babynahrung denken, sind definitiv *unhip*. Jedenfalls meistens.¶

Erlaubt ist, was gefällt, solange man vom Mainstream nicht abweicht.

Es soll ja auch Leute geben, die Kuschelrock für einen gemütlichen alten Bademantel und *hiphop* für so eine Art

Ringelreihen halten, weil es doch so ein wenig nach Kindergarten klingt. Aber was soll man schon von Leuten erwarten, die Bluejeans tragen? Denn die sind ziemlich *out*. *Hip* ist, wer mit dem *Mainstream* schwimmt und stets das tut, was Zeitgeist und Mode ihm gerade abverlangen. Zur Zeit sind Schlaghosen, Coolness und Waschbrettbäuche *trendy* und so neckische kleine Kopftüchlein, die eigentlich richtig nett aussehen – wer hat sich die wohl nur ausgedacht? Oder steckt dahinter gar eine heimliche Sehnsucht nach bäuerlicher Tätigkeit? Nicht unmöglich. Es spricht sogar einiges dafür, wenn man genau hinsieht.

Trends spiegeln fast immer, auch wenn sie von A bis Z gemacht sind, eine Spur des Lebensgefühls einer Zeit wider. Oder sagen wir: Die Trenddesigner produzieren eine Vielzahl von Trendoptionen, wirklichen Erfolg haben aber nur die, die den unbewussten oder vorbewussten Wünschen und Sehnsüchten einer großen Gruppe von Endverbrauchern entsprechen. Sie müssen sozusagen *massenattraktiv* oder *massenkompatibel* sein, wie die Fachleute das nennen.

Aber darüber werden wir kaum je etwas Genaueres erfahren, denn diese Dinge sind *top secret* und unterliegen, wie's scheint, Geheimhaltungsstufe drei. Die Hüter des Arkanums passen darauf besser auf als die Bundesregierung auf ihre Goldreserven.

An der amerikanischen Atlantikküste, südlich von New York, sitzen jene Ideen- und Traumfabriken, die auf Jahre (!!) hinaus das planen, was angesagt ist und was nicht. Hier werden massenkompatible Meinungen und Verhaltensmuster ebenso entworfen wie die oben genannten Hosen mit Schlag, hier werden Seifenopern erdacht zur Unterstützung dieser eigentlich durchaus löblichen, volkspädagogischen Bestrebungen. Wozu braucht unser Nachwuchs heutzutage noch Religions- oder Philosophieunterricht, es gibt ja diese wunderbar harmlosen Vorabendserien und alles, was man im Leben wirklich braucht, kann man da lernen ...¶

Aber damit dürfte ich Ihnen kaum etwas Neues mitteilen. Sie wissen längst, dass sämtliche Trends von *Trendsettern* und anderen Zeitgeistingenieuren festgelegt werden, die genau wissen, wohin die Reise gehen soll. Denn so wichtige Dinge überlässt man schon lange nicht mehr dem Zufall. Trends, die von unten kommen, aus der tumben Masse der Verbraucher, sind eher selten – Harry Potter ist so ein „Ausrutscher" –, aber wenn sich doch einmal der eine oder andere davon durchsetzen sollte, stürzen sich die Wertedesigner darauf wie eine Horde Pauschalurlauber aufs Kalte Buffet und verwandeln diesen neuen Trend schnell und überaus geschickt in eine Goldader.¶

Wer genau hinsieht, kann die geheimen Drahtzieher unserer Seelen gerade dabei beobachten, wie sie unsere Abkehr vom Konsumterror und unsere Sehnsucht nach einem schlichten, überschaubaren Leben in profitable Bahnen zu lenken versuchen. Jetzt heißt es: Raus mit den alten Kacheln und rein mit den weißen Fliesen, die jedes Bad im Handumdrehen so gemütlich machen wie einen Operationssaal. Purismus ist angesagt und Feng Shui, obwohl da ja nun wirklich etwas dran zu sein scheint, denn fernöstliche Feng Shui-Meister raten ihren westlichen Adepten genau wie dieses Buch zur Anschaffung einer größeren Menge von – Müllsäcken, bevor man weiter sieht ... Und das ist eigentlich gar nicht so dumm.¶

Der Megatrend zum Einfachen ist übrigens schon ein paar Jahre alt und hat inzwischen eine Menge neuer Stilrichtungen beeinflusst. Nach der Nostalgiewelle in den späten Siebzigern eroberten die pastoralen Blümchenmuster von Laura Ashley den Markt. Der Landhauslook hat inzwischen übrigens in Rezessionszeiten zum sogenannten „Shabby Chic" mutiert. Man braucht dafür mehr oder weniger „schäbige" alte oder auf alt gemachte Möbel, von denen immer so ein bisschen Farbe abblättern muss und an denen wesentliche Teile durch Kaninchendraht ersetzt sind. Überhaupt sehen sie so aus, als hätten sie die letzten fünfzig Jahre in einem walisischen Schafstall gestanden, dessen Dach man schon vor Jahren hätte erneuern sollen.

Meistens sind sie grottenhässlich und im Original müffeln sie auch etwas, aber was will man machen? Sie passen eben einfach zu der *melancholischen Grundstimmung*, die weite Teile unserer westlichen Welt erfasst hat: Patina ist eben in. Was bleibt uns auch anderes als Melancholie? Es lässt sich ja ohnehin nichts machen, oder doch?

Ob *shabby chic* oder Landhausgardine, all diese Trends sind der überdeutliche Ausdruck einer neuen Sehnsucht nach Schlichtheit. Und selbst wenn sie zuweilen die seltsamsten Blüten treibt, so steckt doch dasselbe Wunschdenken dahinter: Wer das Geld dafür hat, verwandelt sein Pent- in ein griechisches Bauernhaus oder eine südamerikanische Kaffeeplantage mit schlichten, gekalkten Wänden, Moskitonetzen und natürlich diesen Casablanca-Ventilatoren an der Decke, die jeden vollends vergessen lassen, dass da unten, ein paar Stockwerke tiefer, der bundesdeutsche Alltag tobt.

In anderen Einkommensklassen mögen diese *Fluchtwelten* ein wenig anders aussehen, gemütlicher jedenfalls, mit Eckbänken und Trockenblumen und Häkelgardinen, aber es steckt doch dieselbe *Sehnsucht nach Einfachheit* dahinter.

Die Trendforscher sprechen hier von einem *Megatrend* und interpretieren ihn als Ausdruck unserer *Rezessions-*

kultur – es sei einfach weniger Kaufkraft da und deswegen besinne man sich aufs Althergebrachte. Also nur deshalb, weil das Geld fürs Neue nicht mehr ausreiche und weil die Menschheit es schon immer verstanden habe, aus der Not eine Tugend zu machen.

Da mag etwas dran sein, aber trotzdem bin ich nicht sicher, ob damit wirklich alles erklärt ist. Dieser neue Trend zum Einfachen und Überschaubaren, zu hausgebackenem Brot, *Manufactum* und Milchkannen aus Email scheint mir eher etwas mit einem Gefühl von *Überdruss* zu tun zu haben und damit, dass vierzig Jahre Werbefernsehen es nicht geschafft haben, unseren *gesunden Menschenverstand* auszuschalten. Und das, obwohl man sich doch alle Mühe gegeben hat, immer neue Lebensmaximen herauszugeben – alles Varianten jenes einschläfernden *Don't worry-be-happy*-*Mantra*. So etwas rächt sich auf die Dauer.

Die Sinnsurrogate ziehen nicht mehr, ebenso wenig die halbseidenen Knödelersatzprodukte, die dieses System anbietet. Der Trend geht zum Echten und Unverfälschten. *Immer mehr kluge Köpfe beginnen, nicht mehr das zu wollen, was sie wollen sollen.* Das hat etwas mit dem zu tun, was Günther Anders einmal in einem vergleichbaren Zusammenhang als die „Antiquiertheit des Menschen" bezeichnet hat, und damit, dass sich – dem Himmel sei Dank – unsere Gene nicht so schnell ändern wie die Mode. Und das ist eigentlich ein ziemlich tröstlicher Gedanke: Die Suche nach Sinn und Ziel, nach Harmonie und Zusammenhang in uns scheint ebenso vorprogrammiert zu sein wie der Wunsch, hinter den Spiegel zu schauen, auf die Dinge, die jenseits der wahrnehmbaren Welt liegen.

Immer mehr kluge Köpfe beginnen, nicht mehr das zu wollen, was sie wollen sollen.

Toujours l'amour. Oder: Mein Großvater und die Kunst sich aus dem Fenster zu lehnen

Dass es im Leben doch „mehr als alles" geben muss, dämmert inzwischen selbst Zeitgenossen, die mit Transzendenz nun wirklich nichts am Hut haben und die sich – *chacun à son goût* oder „jedem nach seinem Justav", wie mein Großvater zu sagen pflegte – lieber dem Genuss verschreiben.❡

Während so einige von ihnen bisher weder willens noch in der Lage waren, über den Tellerrand ihres *Boeuf bourguignon* hinaus zu blicken, hat sich doch in den letzten paar Jahren selbst in diesen Kreisen herumgesprochen, dass *„es das doch wohl nicht gewesen sein kann."*❡

Wahrscheinlich kommen solche Gerüchte aus der Küche.❡

Eine Gesellschaft, die sich Seehecht mit Blutwurst an Schokoladensauce und ähnliche Schweinereien servieren lässt, kann keine Zukunft haben ...❡

Niemand, der noch einen Funken Verstand besitzt, wird sich diesem Schluss entziehen. Kann eine Welt, in der Meisterköche den Status genialer Virtuosen genießen, auf die Dauer bestehen? Wohl kaum, wenn man einmal genau darüber nachdenkt. Aber wer tut das schon? Jedenfalls nicht die Leute, die sich ein bisschen Französisch beizubringen versuchen, um mit diesen verflixten Speisekarten besser klarzukommen, und die dann *Omelette aux champignons* doch nicht richtig aussprechen können, geschweige denn *Coquilles St. Jacques à la façon du diable*. Wahrscheinlich wissen sie nicht einmal, warum die Jakobsmuscheln Jakobsmuscheln heißen, weil sie mit den Traditionen unserer Religion ebenso wenig anzufangen wissen wie mit anderen Dingen zwischen Himmel und Erde, für deren

75

Verständnis man eine Seele braucht und keinen IQ von 155. Das sind die im Grunde ziemlich bedauernswerten Menschen, die es nie gelernt haben, mit dem Herzen zu denken. Und die, die garantiert jeden Geburtstag vergessen außer dem eigenen. Mir gehen sie furchtbar auf die Nerven, diese professionellen Gourmets und Gourmands – die meisten kennen wahrscheinlich nicht einmal den Unterschied – und ihr Fünf-Sterne-Glossar ebenso, das uns blattgoldverzierte Entenlebern jetzt nur noch *an* Vanillemousse serviert. Wie lecker. ❡

Eine Gesellschaft, die sich Seehecht mit Blutwurst an Schokoladensauce und ähnliche Schweinereien servieren lässt, kann keine Zukunft haben.

Mein Großvater riet uns stets, nichts zu essen, was so aussieht, als hätte es schon jemand verdaut, eine wahrhaft weise Maxime. ❡

Er war für die einfachen Dinge, die schlichten und überschaubaren und er lehnte kategorisch alles ab, was ihm zu raffiniert erschien. Ich erinnere mich noch, wie er mich Anfang der Neunziger in eine Berliner Gartenwirtschaft einlud, eines jener einstmals sympathischen Ausflugslokale, in denen „Familien Kaffee kochen konnten“: So war das früher – man brachte Kaffeepulver und selbst gebackenen Kuchen von zu Hause mit und ließ sich lediglich von Frau Wirtin eine Kanne heißes Wasser hinstellen. Hier traf man sich, saß unter Bäumen, während die Kinder durchs Gebüsch kugelten und verplauderte aufs angenehmste die heißesten Tage des Jahres. ❡

Jenes Gartenlokal aber, an das sich mein Großvater noch aus seiner Kindheit und Jugend erinnerte, war inzwischen natürlich mutiert: Es war ein Schickeria-Treffpunkt daraus geworden. Die Kellner hießen jetzt alle Garçons und servierten in knöchellangen Sommeliersschürzen und mit der dazugehörigen blasierten Miene nicht etwa *Tagesgerichte*, sondern nur noch *plats du jour.*❡

Meinen Großvater amüsierte das alles sehr. Er winkte einen besonders romanisch aussehenden Sommelier herbei und bestellte in scheinbar fließendem Französisch eine *platitude du jour*, während der junge Mann völlig überfordert und mit hochrotem Kopf daneben stand. Es stellte sich heraus, dass niemand im ganzen Hause etwas anderes als Küchenfranzösisch sprach und ein paar Abschleppvokabeln wie *toujours l'amour, voulez-vous coucher avec moi* und andere „Fisematenten", die, wie mein Großvater mir erklärte, eine Verballhornung aus dem französischen *Visitez ma tente* seien, mit dem schöne junge Offiziere in der Franzosenzeit schöne junge Damen einluden, ihr Zelt zu besichtigen – so, wie man einhundertfünfzig Jahre später die Briefmarkensammlung vorschützte. Aber das sei nur so am Rande erwähnt. Mein Großvater war eben ein kluger und sehr belesener Mann, der als Schiffsarzt zwar perfekt Englisch sprach, aber beileibe kein Französisch. In dem Gartenlokal damals hatte er das Einzige, was er an Französisch drauf hatte, ganz einfach herunterzitiert – es war die Marseillaise, die er irgendwann einmal, als er im Hafen von Marseille in Quarantäne saß, auswendig gelernt hatte. Und natürlich sprach er sie so aus wie ein echter Marseillais: *Allons, enfants de la patrie!* Fernandel hat so gesprochen und Jean Gabin, dem mein Großvater übrigens auf eine nicht näher bestimmbare Weise ähnelte.❡

Die kleine Gartenlokalgeschichte hatte übrigens noch ein Nachspiel: Man holte den Chef de „kwisin" aus der Küche in der Hoffnung, dass vielleicht er zu vermitteln imstande sei, doch stellte sich leider heraus, dass er ebenso wenig Französisch sprach wie unser alter Cockerspaniel.

Nach zehn Minuten höchst amüsanter Verwirrung ließ ich mich endlich dazu herbei, in sehr gebrochenem Deutsch die Wünsche meines Großvaters zu *dolmetschen*: Bratkartoffeln wolle er und keine verdammten *Pommes frites*, von denen bekomme er zu Hause schon genug und sie schlügen sich ihm auf Magen, Galle und Laune.

Das glaubte man mir gern, denn inzwischen brütete der alte Herr finster vor sich hin und man befürchtete einen Zornausbruch, den zu vermeiden man sich alle Mühe gab. Er sei in Deutschland, zum Teufel noch mal, dolmetschte ich weiter, und er wolle gefälligst deutsche Küche serviert bekommen. Ein Sauerbraten mit Knödel sei ihm das Liebste. (Knödel betonte ich natürlich auf der zweiten Silbe: knedélle.)

Nun hatte man verständlicherweise Schwierigkeiten, aus der *la meng* einen Sauerbraten herzuzaubern, aber nach einer Viertelstunde kam eine höchst anständig gebratene und bemessene Portion Rippchen, die wir zufrieden verzehrten, mein Großvater und ich, während wir uns leise – auf Plattdeutsch – unterhielten. Auch unser Cockerspaniel bekam so einiges von den Rippchen ab, denn die Tripes milanaises, die Kutteln in Sahnesoße, die ihm einer der Sommeliers serviert hatte, behagten ihm offensichtlich gar nicht. Wen wundert's, denn auch auch unser alter Carlo hielt sich an Großvaters Rat, dass man sich zweifelhaften Genüssen besser nicht hingibt ... So fütterten wir ihn mit kross gebratenen Speckstücken, denn wer kann schon dem Blick eines Cockerspaniels an einem Ort widerstehen, an dem es etwas zu essen gibt?

Italienisch beherrschte mein Großvater übrigens auch, zumindest so viel, dass sich damit alle Welt beeindrucken ließ. Er hatte den Hinweis auswendig gelernt, der früher an

den Fenstern der Deutschen Bundesbahn zu lesen war: *È vietato sporgersi dalla finestra!* Zu Deutsch: *Es ist verboten, sich aus dem Fenster zu lehnen.* Diesen Satz beherrschte er mit solcher Perfektion und in tausend unterschiedlichen Betonungen, so dass zu Wasser und zu Lande sofort alles Habachtstellung annahm, wenn er damit losdonnerte. Nur unsere Großmutter kannte das Geheimnis und holte stets ein Fläschchen Kölnisch Wasser aus der Tasche, wenn ihren Mann wieder einmal der Teufel ritt und er mit: *Non sputare nelle carrozze!* noch einen draufsetzte ... Denn anders hätte sie sich das Lachen nicht verkneifen können, vor allem, weil er die Aussprache von *carrozze* so meisterlich beherrschte und die Rs darin auf so unnachahmlich arrogante Weise zu rollen verstand, dass jeder, der gerade noch etwas sagen wollte, es vorzog zu schweigen. Vielleicht waren ja diese formidablen großväterlichen *carrozze* der eigentliche Grund dafür, dass ich später (u. a.) Italienisch studierte: Ich weiß noch, wie ich als kleines Mädchen auf Großvaters Schoß saß und mich königlich amüsierte über diese wunderbaren fremdartig rrollenden Laute. So gehören denn Krischan Brahms *carrozze* zu meinen frühesten Kindheitserinnerungen. ❡

Viel später, als wir dahinter gekommen waren, was unser Großvater da zitierte, fragte ich ihn, wie er denn gerade auf diese Zitate verfallen sei. ❡

Er hätte ja auch genauso gut ein paar Brocken aus *O sole mio* bringen können oder aus *donna è mobile*, das hätte die gleiche Wirkung gehabt. ❡

Ich erinnere mich noch, dass mein Großvater nicht gleich antwortete und dass er nach einer ganzen Weile die

Wer sich für nichts mehr begeistern, für nichts mehr engagieren kann, ist ein armer Hund.

Pfeife aus dem Mund nahm, was er nur sehr, sehr selten tat; eigentlich nur für die Dauer des Sonntagsgottesdienstes von Pfarrer Hansen oder wenn Hochwasser war oder wenn er, was gelegentlich vorkam, etwas wirklich Lebenswichtiges zu sagen hatte.

„Weil ich mich selbst daran erinnern will", antwortete er schließlich, „dass es ab und zu wichtig ist, wenn auch verboten, *sich aus dem Fenster zu lehnen*. Wer sich für nichts mehr begeistern, für nichts mehr engagieren kann, ist ein armer Hund. *Es lebt nur, wer eine Sache tut, weil sie getan werden muss.* Nur so können Dinge bewegt werden und nur so kann auch Kunst entstehen. Denn Kunst ist schön, macht aber viel Arbeit, wie Karl Valentin sehr richtig bemerkt hat. Und nur so kann die Menschheit auf die Dauer überleben. Aber dazu muss man sich eben manchmal ziemlich weit aus dem Fenster lehnen, auch wenn Idealismus hierzulande und heutzutage inzwischen *vietato* ist, *verboten* eben, oder sagen wir, so gut wie. Ich weiß nicht, ob ihr's schon bemerkt habt, aber die Gesellschaften, in denen wir leben, tun sich immer schwerer, die Illusion von Freiheit noch aufrechtzuerhalten. Was man uns bietet, ist *Spaß* sozusagen als Ersatzdroge für *Freude*, für ein im eigentlichen Wortsinne sinnvolles Leben.

Was man uns bietet, ist Spaß sozusagen als Ersatzdroge für Freude.

Es gibt Situationen, in denen man als anständiger Mensch nur gegen ein Verbot handeln kann oder gegen ein Tabu – das nennt sich dann Zivilcourage. Man muss es einfach tun, wenn man sich nicht den Fragen seiner Enkel aussetzen will: ,Warum habt ihr damals nicht …? Wie konntet ihr nur, ihr müsst es doch gemerkt haben, etc. etc.?' Verlernt sie nie, diese Kunst sich aus dem Fenster zu lehnen und sich dafür zu engagieren, dass diese Welt bewohnbar bleibt. Vergesst das nicht und hört auf die Stimme eures Herzens, die euch sagt, wann es so weit ist."❡

Über die Kunst und das Vergnügen auf alles Raffinierte zu pfeifen

Sie waren wunderbar, meine Großeltern, und ich hatte Glück, dass ich bei ihnen aufwachsen konnte. Zeit ihres Lebens haben sich die beiden nie ein böses Wort gesagt. Und sie haben *ganz einfach* gelebt – nicht etwa, weil das Geld gefehlt hätte. Davon war immer genügend da. Sie haben einfach gelebt, weil sie einfach leben *wollten*. Sie hätten auch zweimal die Woche in Großvaters wunderbarer 1932ger Pullman-Limousine (mit Zwischengas) nach Leer oder nach Oldenburg fahren können, aber sie zogen es vor, ihre langen Abende daheim am Kamin mit ihren Kindern und Büchern zu verbringen. Langeweile war ihnen völlig fremd, doch was ihnen zu schaffen machte, war das Geschwätz von Menschen, die nichts zu sagen hatten. Ich weiß noch, dass sie an Großvaters hundertstem Geburtstag plötzlich fehlten, als eine aus Film, Funk und Fernsehen bekannte Person des Öffentlichen Lebens eine Ansprache hielt ... Währenddessen saßen sie friedlich Hand in Hand in ihrer Laube und warteten, bis die Festlichkeiten vorbei und sie „endlich allein" waren.❡

Meine Großmutter Sophie-Louise war übrigens, wie alle gelernten Wienerinnen, eine grandiose Köchin und sie hat ihr Können an all ihre Kinder und Kindeskinder – ohne Ansehen des Geschlechts übrigens – weitergegeben. Mein Großvater hat sie 1925 im Café Demel kennen gelernt, wo sie als Serviermädchen, als „Demelinerin", arbeitete. Es war

Liebe auf den ersten Blick: Der junge Krischan Brahm, der damals als Sanitätsoffizier zur See fuhr, sah sie an und sie sah ihn an – und ließ zunächst die noch heute im Demel übliche Frage: „Haben (der Herr) schon gewählt?" und dann eine Kuchenplatte mit den berühmten Demelschen Indianerkrapfen fallen. Der junge Dr. Brahm antwortete mit einem für Außenstehende nicht unmittelbar verständlichen: „Allerdings", beglich den Schaden, ohne mit der Wimper zu zucken, und führte seine Lowise sehr zur Verblüffung der andern Demelinerinnen und zu ihrer eigenen natürlich auch aus dem Café. Zwei Monate später heirateten die beiden in der Michaelerkirche zu Wien, gegenüber der Hofburg.¶

Apfelstrudel, sage ich Ihnen, Apfelstrudel konnte meine Großmutter backen wie keine Zweite. Sie zog den Teig dafür so dünn aus, dass man nicht nur eine Zeitung, sondern selbst noch das Kleingedruckte eines Versicherungsvertrags darunter hätte lesen können. Aus einhundert Gramm Mehl zauberte sie einen herrlich nach Äpfeln, Zimt und Mandeln duftenden Strudel von einem halben Meter Länge. Das Rezept dafür lasse ich Ihnen gerne zukommen, wenn es Sie interessiert, doch es gehört schon einiges an Geschicklichkeit dazu, wenn er wirklich gelingen soll. „Aber das ist wohl mit allen wirklich guten Dingen so, sie machen Mühe", pflegte meine Großmutter zu sagen, „und gerade das ist es, was sie so kostbar macht. Und damit meine ich nicht unbedingt Viktualien", fügte sie noch hinzu, aber das wäre gar nicht nötig gewesen. Ich hätte sie auch so schon verstanden. Denn meine Großmutter hatte so ihre eigene Art, uns ihre Lebensphilosophie ganz nebenher – zwischen Suppe und Kartoffeln sozusagen – zu vermitteln. Wer kochen könne, behauptete sie, der könne im

Leben nie wirklich untergehen, denn neben dem durchaus beabsichtigten Nebeneffekt, dass man dabei etwas Essbares für sich und die Seinen produziere, *könne man dabei wunderbar nachdenken.* Und das sei in einer Welt, die sich alle Mühe gebe, uns am Denken zu hindern, nicht zu verachten. Dabei sei das Kochen selbst eigentlich keine so große Sache, wenn man es recht verstehe. Für Star- und andere Allüren jedenfalls hatte meine Großmutter nichts, aber auch gar nichts übrig. Wenn man sie ob ihrer Arbeit lobte, winkte sie ab und sagte, dass das alles im Grunde nichts Besonderes sei, im Gegenteil: An die Soße hätte schon noch eine Spur Selleriewurzel gehört, aber es sei eben gerade keine zur Hand gewesen … Ich erinnere mich noch an die Sonntage meiner Christiansieler Kindheit, an denen uns Großmutters Eierstich weckte: Mit einer Gabel schlug sie auf einem sehr schräg gehaltenen Suppenteller das Eiweiß zu Schnee, zu wunderbaren Montblancs, die wir fasziniert betrachteten. Natürlich durften wir es auch versuchen, aber es klappte nie so recht, zumindest zu Anfang. „Übung macht den Meister", sagte sie und zeigte uns, dass wir die Bewegung ganz leicht aus dem Handgelenk holen müssten und nicht aus dem Oberarm. Mit einem Übermaß an Kraft sei im Leben nichts gewonnen, erklärte sie uns. „Nichts lässt sich erzwingen. Geduld bringt Rosen. Und stetiges Bemühen. Wer so einen Berg Eischnee aus dem Handgelenk schütteln kann, dem wird im Leben auch anderes gelingen …"❡

Wer einen Berg Eischnee aus dem Handgelenk schütteln kann, dem wird im Leben auch anderes gelingen.

Das war so die Art meiner Großmutter und auch die des alten Krischan Brahm, ihre Kinder und Kindeskinder mit den Tatsachen des Lebens vertraut zu machen. Sie fanden immer Zeit und Gelegenheit, uns so ganz nebenbei ihre Sicht der Dinge auseinander zu setzen. Sie hatten über viele Dinge höchst Erstaunliches zu sagen, doch reicht leider hier der Platz nicht für all die Geschichten und Geschichterln, die mir dazu einfallen. ❧

Auch Jan Willem van Köping und der alte Ole Hansen waren in der Beziehung nicht ohne, aber ich könnte allein mit dem, was mein Onkel Jan-Willem über Kinder und Katzen, Kakao und Kreativität zu sagen wusste, ein ganzes Buch füllen. Er ist schon ein Genie – immer noch! Er hält sich mit Büchern fit und liest *Focus* und den *Telegraaf*, spielt Schach, trinkt Kakao, raucht seine Havanna wie ehedem, politisiert stundenlang und behauptet, dass er nur deswegen noch lebe, weil er so neugierig darauf sei, was als Nächstes passiere. Er ist schon ein Lebenskünstler. Ole Hansen, unser alter Pfarrer, mit dem er Schach spielt, ist weniger optimistisch: „Christus hat umsonst gelebt", fürchtet er, „in zehn, zwanzig Jahren wird unser allein selig machendes Wirtschaftssystem von der Geschichte gerade noch so viel übrig lassen, wie für das Weihnachtsgeschäft nötig ist ..." ❧

Über all diese Dinge gäbe es noch so einiges zu sagen – und vielleicht schreibe ich sie demnächst auch auf ... Doch zurück zu den Montblancs meiner Kindheit: Wenn ich heute immer noch mit einer Spur Salz und etwas kaltem Wasser die Eiweiße, die ich brauche, in einem schräg gehaltenen Suppenteller aufschlage (obwohl ich durchaus über Mixer und Zauberstäbe verfüge und über jede Menge sehr schicker Schneebesen von Alessi), dann denke ich an Christianssiel und es schmerzt ein wenig da, wo das Herz sitzt. Plattes Land und ein unendlich hoher graublauer Himmel tauchen vor meinem geistigen Auge auf und die

Luft riecht leicht nach Salz, während sich die Schneeberge zusehends in riesige, Regen verheißende Wolkenberge verwandeln, Wolken, wie es sie anderswo nur alle Jubeljahre zu geben scheint. Und selbst dann können sie es mit richtigen Waterkantwolken nicht aufnehmen ... Ich denke dann auch an meinen Großvater, der behauptete: „Da zu leben, wo man geboren ist, ist ein Glück." Was Verhaltensforscher unlängst bewiesen haben, wusste er längst: Die ersten Kindheitseindrücke sind prägend für das, was wir

Eines der Geheimnisse eines glücklichen Lebens ist, die Dinge, die in unserer Kindheit gut waren, wieder zu entdecken.

später als schön empfinden. Es ist immer die Landschaft und das Milieu unserer frühesten Kindheit. Und zum Glück gehört auch, dass wir all das lieben, was wir als Kind hatten, den Milchreis mit Zucker und Zimt, die Lakritzen, den Pannekoeken, die schlichten Dinge, die es damals eben gab. „Wer klug ist, hält sich daran", empfahl mein Großvater. Eines der Geheimnisse eines glücklichen Lebens ist, die Dinge, die in unserer Kindheit gut waren, *ganz einfach* wieder zu entdecken ... Manchmal reicht schon ein Duft, und die schönen Augenblicke sind wieder da. ❡

Und erst ein Geschmack. Wenn seine Lowise einmal nicht da war, buk mein Großvater die Pannekoeken, goldgelbe, butterweiche Gebilde, die er sehr zu unserer Freude und unter allgemeinem Applaus in der Luft herumwirbelte. Er hatte darin eine solche Virtuosität erreicht, dass er problemlos im Zirkus hätte auftreten können. Pannekoeken backen, das war für ihn eine fundamentale kulturelle Fähigkeit, mit deren Vermittlung er bereits begann, sobald eines seiner Kinder oder Kindeskinder Mama und Papa voneinander unterscheiden konnte. ❡

Es sind die einfachen Dinge, die uns glücklich machen, nicht die Schweinskaldaunen *an* Honigsauce und auch nicht die Lerchenzungen, mit denen sich die Römer pfropften, als die Barbaren schon ante portas warteten. Die Dinge zu essen, die man als Kind gemocht hat, ist einer der Schlüssel zum Glück – und zur Gesundheit, nebenbei bemerkt, auch. Denn unser Geschmackssinn ist so eng mit unserem Gedächtnis verbandelt, dass bereits gebratener Speck mit Spiegeleiern die angenehmsten Erinnerungen wecken kann, Erinnerungen überdies, zu denen das Bewusstsein gar keinen Zugang hat."❡

Es sind die einfachen Dinge, die uns glücklich machen.

An die berühmten *Pannekoeken* meiner Großeltern musste ich denken, als ich kürzlich in einem amerikanischen Supermarkt einkaufte. Ich stand vor einem riesigen Regal, in dem Fertigteigmischungen für *pancakes* angeboten wurden, mindestens zwanzig verschiedene, und ich machte mir gerade meine eigenen Gedanken dazu, als mir plötzlich auf dem Griff meines Einkaufswagens eine (funkgesteuerte) Werbebotschaft für einen völlig neuen *pancake* entgegenschnarrte: den Rolls Royce unter den *pancakes* sozusagen, der aus naturbelassenen Zutaten von Meisterhand bereitet sei und vierunddreißig lebenswichtige Vitamine und Mineralstoffe enthalte sowie jede Menge Katechine und außerdem …❡

Fragen Sie mich nicht, was sonst noch alles in diesen wunderbaren *cakes* waren – denn ich verkrümelte mich, ließ den Wagen stehen und floh. Beim Hinausgehen schnappte ich mir nur eine Tafel ***'s Nussschokolade, die wahrscheinlich ebenso viele Vitamine enthält, setzte mich auf eine Parkbank und überließ mich dem Heimweh. Wie kann eine Nation, fragte ich mich, auf den Mond fliegen, aber eine solche Schokolade herstellen? Und wo kann man in *God's Own Country* noch seinen eigenen Gedanken nachhängen?¶

Bei uns, fürchte ich, kommt die Sache mit der funkgesteuerten Werbung auch bald und dann, gute Nacht, Marie! Wie soll man – zum Teufel! – in einer solchen Welt einfach leben können?¶

Ich weiß es auch nicht.¶

Ich weiß nur, dass es immer schwieriger wird, aber dass wir es trotzdem versuchen sollten. Und dass wir, selbst wenn nichts daraus wird, unseren Seelen wenigstens den Versuch schuldig sind.¶

Intermezzo 1: „Die Liebe zu sich selbst ist der Beginn einer lebenslangen Romanze"

Ende der Achtziger, es muss kurz vor der Wende gewesen sein, besuchte ich eine ehemalige Studienkollegin, die ich viele Jahre nicht gesehen hatte. „Komm einfach auf einen Espresso vorbei", flötete eine Stimme, die ich kaum noch erkannte, am Telefon. Sie hatte so einen seltsamen Akzent, wie er bei Deutschen zu finden ist, die lange im Ausland gelebt haben und so tun, als hätten sie die Sprache ihrer Kindheit vergessen – oder schlimmer noch, die so tun, als seien sie eigentlich Franzosen oder Amerikaner und würden nur sehr gut Deutsch sprechen. Das hätte mich eigentlich schon warnen müssen.¶

Als ich ein paar Tage später auf einem dieser Sofas saß, die sonst nur in teuren Hochglanzmagazinen abgebildet sind, blickte ich verstohlen auf die Uhr und rechnete mir im Stillen aus, wann ich mich als wohlerzogener Mensch würde verabschieden können, ohne unhöflich zu sein. Aber eine knappe Stunde musste ich schon aushalten. Gisela, die sich jetzt Geza nennen ließ (vielleicht, weil ihr Gisela etwas zu sehr nach Friseursalon klang), Gisela gehörte inzwischen zur Crème de la Crème der Frankfurter High Snobiety.

Ende der Achtziger, als der Boom noch ungebrochen war, hegte man in gewissen Kreisen eine Vorliebe für gold-glitzernde, mit Jaguarfell – natürlich imitiert, man ist ja kein Unmensch! – überzogene Höckerchen, auf denen man die berüchtigten *Coffee-Table-Books* ablegte, dicke und möglichst fremdsprachige Schwarten über Kübelpflanzen und Bauernhäuser in der Toskana oder in der Provence, über Chippendale und englische Landsitze und was weiß ich sonst noch alles. Man achtete peinlich genau darauf, dass ab und zu auch ein Buchrücken mit der etwas anspruchs-volleren Aufschrift wie *Michelangelo* zu sehen war oder doch wenigstens *M. C. Escher*. Das bedeutet natürlich nicht, dass die Besitzer dieser edlen Druckwerke in der Lage gewesen wären, einen Chippendale-Stuhl von einem Ikea-Möbel zu unterscheiden oder einen Rodin von einer Hummelfigur. Denn bekanntlich entbindet der Besitz eines Buches stets von der Verpflichtung, es zu lesen.

Ich erinnere mich noch, dass Geza allen Ernstes darüber klagte, dass die Titel auf englischen und amerikanischen Buchrücken genau anders herum gedruckt seien als auf deutschen und dass dieses Durcheinander ihren Ordnungs-sinn doch sehr störe.

Ich schaute auf die Uhr und mir sank das Herz, als ich feststellte, dass kaum zehn Minuten vergangen waren, seit ich eingetroffen war. Ich versuchte es mit „alten Zeiten" und „weißt du noch?", aber seltsamerweise wusste Geza gar nichts mehr. Sie erinnerte sich nicht einmal mehr an den

Perkeo, wo wir gemeinsam gejobbt hatten, um unsere Stu-
dentenbudgets etwas aufzubessern. Das war noch, bevor
ihr Vater diesen Patentmassagesessel erfunden hatte, mit
dem er sich dann gesundstieß und der es Gisela erlaubte,
ihren Job im *Perkeo* aufzukündigen und sich ein paar Jähr-
chen süßen Nichtstuns zu gönnen. Damals legte sie offensichtlich den Grundstein für ihre Teilamnesie, jenen
seltsamen Gedächtnisverlust, dem außer zwei Fremdspra-
chen auch noch ein paar Dinge mehr zum Opfer fielen.
Ideale zum Beispiel.

Offiziell studierte sie natürlich. Sie wechselte vom Dol-
metscherinstitut zu den Psychologen über, denn Übersetzen und Dolmetschen sei auf die Dauer eine ziemlich
schweißtreibende und überdies schlecht bezahlte Beschäftigung. Da ist etwas Wahres dran. Aber das war auch die
einzig vernünftige Aussage, zu der sich Geza an diesem
denkwürdigen Nachmittag verstieg. Eigenartig, dass sie
nicht einmal mehr die Namen unserer Professoren und
Kommilitonen kannte, nur einen Adligen wusste sie noch
zu benennen, aber auch nur, weil sie einmal ein Auge auf
ihn geworfen hatte. Daraus ist dann zum Glück nichts
geworden – man stelle sich nur vor, was Gisela mit dem
hübschen kleinen Schlösschen gemacht hätte, das er hier
im Fränkischen besaß: Sie hätte es gnadenlos renoviert und
sämtliche Biedermeiersessel mit Tigerfell überzogen oder
vielleicht hätte sie sie sogar zu Massagesesseln umrüsten
lassen. Doch glücklicherweise heiraten Männer, die etwas
auf sich halten, keine Frauen, die sich Geza nennen. So
konnte das Schlimmste noch mal verhindert werden.

Bücher gab es in ihrer Frankfurter Wohnung sonst so
gut wie nicht, von den fein säuberlich aufgestapelten
Coffee-Table-Books einmal abgesehen und von einer Reihe

ledergebundener Klassiker, die es vor Jahren einmal für einen Fünfer in jedem Kaufhaus gab. Als Geza Kaffee kochen ging, sah ich mir die Bände einmal genauer an und fand, dass viele Titel mehrfach auftauchten, doch hatte meine Studienkollegin sie so plaziert, dass das nicht weiter auffiel. Ich brauche wohl nicht hinzuzufügen, dass keiner dieser Klassiker den Eindruck machte, als sei er gelesen worden. Kein Wunder, denn wer liest schon Bücher, bei denen man Angst haben muss, dass man sich einen Splitter in die Hand zieht bei dem Papier.❡

Im Wohnzimmer, pardon, im Salon fand ich dann noch ein auf den ersten Blick sehr beeindruckendes Regal, bis ich merkte, dass dort offensichtlich jedes Buch aufgestellt war, das irgendwann einmal mehr oder weniger absichtlich den Lebensweg meiner Freundin gekreuzt hatte. Da stand ein ziemlich zerfledderter Simenon (Simenons sind irgendwie immer zerfleddert) neben einem offensichtlich ungelesenen Maupassant, da gab es die unsäglichsten Ratgeber der *Werde-reich-glücklich-und-erfolgreich*-Schiene und ein Stückchen weiter fand ich – neben Dutzenden von Reiseführern aus aller Herren Länder – das Kursbuch der Deutschen Bundesbahn aus dem Jahre 1980.❡

Das waren noch Zeiten damals! Da studierten wir in Heidelberg und planten, die Welt aus den Angeln zu heben! Und nicht einmal zehn Jahre später saß ich dieser wunderbar gestylten Fremden im schwarzen Catsuit gegenüber, die mir Kaffee in zierlichen französischen Mokkatässchen servierte, Tässchen mit viel Gold und Grün, die so aussahen, als hätten sie schon auf Napoleons Tafel gestanden.❡

„Empire", sagte die Fremde plötzlich, als sie meinen Blick auf die kostbaren Tassen bemerkte, während sie ein schleifenverziertes Schoßhündchen mit italienischen Biscotti fütterte. Ich kenne mich mit Hunden nicht besonders gut aus, aber dieser hier (wenn er denn überhaupt einer war, was ich allerdings sehr bezweifle) sah eher aus wie eine Kreuzung aus „Sofakissen und Brathering" – so hätte es mein Großvater wohl ausgedrückt. Chico hieß das Herzchen, glaube ich.

„Empire", wiederholte die Fremde im Catsuit noch einmal, denn sie hatte wohl Angst, dass ich ihren Hinweis vorhin nicht so richtig zu würdigen wusste. Aber sie sprach es *nicht französisch*, sondern *englisch* aus, wie in „Empire-State-Building", und plötzlich hatte ich es sehr eilig wegzukommen von dieser Frau und diesem Hund und den Tigerfellen: Ich schaute auf die Uhr und stammelte etwas von einem Termin, den ich fast vergessen hätte.

Unter erheblichen Schwierigkeiten gelang es mir, von diesem mit Dutzenden von Troddeln, Strippen und Quasten verzierten Sofa hochzukommen, das so in etwa die Größe, Farbe und Straßenlage eines Cadillac aus den Fünfzigern aufwies – und auf dem ca. tausend Versace-Kissen dafür sorgten, dass, wer darauf saß, nachher einen Termin beim Orthopäden brauchte. Genau dreiunddreißig Minuten hatte ich es ausgehalten auf dem Geza-Streifen.

Ich atmete tief durch, als ich wieder in der U-Bahn saß, auf dem Weg zu meinem angeblichen Termin: Empire [ˈempaɪə] hat sie gesagt statt Empire [ãˈpiːr] und daran erkennt man stets den Neureichen, der von Kunst- und Kulturgeschichte ebenso viel Ahnung hat wie der Papst von der Liebe. Das Empire der Königin Victoria ist die Bezeichnung einer für England glanzvollen Epoche des Kolonialismus, es war aber, im Gegensatz zu Napoleons Kaiserreich, dem Empire, nie ein Stil. Im Gegenteil: Typisch für Victoria ist eine eklektizistische Mischung aus Stilen vergangener Epochen, die zwar sympathisch ist, aber nicht originell. Und eigentlich hat Geza all das gewusst, zumindest vor der Massagesesselzeit. Und jetzt sagt sie Empire und hat doch einmal Französisch studiert mit mir, als sie noch nett war und diesen Broker noch nicht kennen gelernt hatte … Aber das ist alles lange her. ❡

Ich habe sie nie wieder besucht, denn es gibt intelligentere Arten seine Zeit zu verschwenden, als mit Leuten zu plaudern, die all das vergessen haben, was ihnen einmal wichtig war. Und mit solchen, die ihr Telefonbuch unter einem Buchdeckel verstecken, auf dem in unübersehbaren Riesenlettern *Francisco Goya* steht oder *Vermeer*. „Vermeer" erreichen will als andere, braucht nämlich nicht mehr als ein starkes Selbstbewusstsein. Das ist alles *Mainstream*, verdammt noch mal. ❡

Es gibt intelligentere Arten seine Zeit zu verschwenden, als mit Leuten zu plaudern, die all das vergessen haben, was ihnen einmal wichtig war.

Inzwischen hat sich Geza übrigens, wie ich gehört habe, nicht nur von ihrem Mann und von der Kanalratte, sondern auch von diesem Glitzer-Glamour-Hollywood-Stil abgewandt und sich als *Einkaufsberaterin* selbständig gemacht. Einkaufsberater sind Leute, die sich dafür bezahlen lassen, dass sie mit Leuten, die noch mehr Geld haben als sie, tagelang *shoppen* gehen und die argumentative Grundlage dafür bringen, warum dieser oder jener Einkauf angezeigt ist. Das ist der allerletzte Schrei! Endlich haben Tausende von Frauen aus besseren, wenn auch nicht den besten Kreisen wieder einen Lebensinhalt – als Farb-, Stil- und Einkaufsberaterin. Genial! Man braucht bloß ein paar *Shopping-guides* und schon kann's losgehen, nach Mailand, Paris, London und in die paradiesischen *Malls* der Neuen

Welt, wo, wie man hört, Milch und Honig und Cola light fließen. Der *Flieger* macht's möglich.❧

In Giselas neuem *Penthouse* gibt es natürlich keine getigerten Stühlchen und Höckerchen mehr, alles, wirklich alles, incl. Teppichboden, strahlt in frischer, unverdorbener Persilreinheit. Auch Chico oder wie-hieß-er-noch gibt's nicht mehr, dafür tapert jetzt ein schneeweißes Kalb von einem Hund durchs Haus, eine gute Wahl, denn man sieht wenigstens die Haare auf dem Teppich nicht mehr. Er gehört irgendeiner mysteriösen tibetischen Tempelhund-Rasse an und hört auf einen Namen, der so viel bedeutet wie *Seelenruhe*. Er sabbert zwar ein wenig, aber das ist offensichtlich kein Problem. Außerdem tapert da noch ein neuer Mann herum, Gezas gegenwärtiges Verhältnis. Ein schöner, böser Mensch mit einem langen Pferdeschwanz und einem wohl einstudierten visionären Blick. Zu Hause trägt er stets einen hochgeschlossenen weißen Leinenmantel, der ihm etwas Nehruhaftes gibt, und er legt beim Reden die Fingerspitzen aufeinander. Er hat auch einen Beruf. Er ist nämlich „Ethiker". Man höre und staune! Ethiker nennt man heutzutage die Leute, die es übernehmen, für eine Person X, die vielleicht als Politiker Karriere machen möchte, ein publikumswirksames moralisches Outfit zurechtzuschneidern. Sie *coachen* durch die ganze Weltgeschichte – erster Klasse natürlich – und raten beispielsweise amerikanischen Präsidentschaftskandidaten, beim Reden öfter mal die Hand aufs Herz zu legen und das Ganze überhaupt mit ein paar Bibelzitaten auszuschmücken, die sie in ihren stillen Stunden für sie herausgesucht haben (gehört zum Service). Rob, so heißt Gezas Ethiker, ist jedenfalls dicke im Geschäft, wie man hört. Er hat noch eine Freundin in Austin, Texas, eine in Vancouver und eine in Kapstadt,

allerdings ist da die Dunkelziffer noch nicht berücksichtigt. Er bezeichnet sich eben als Kosmopolit, der überall zu Hause ist, und Geza nimmt es hin. Ist er doch der Mann ihres Lebens.❡

Sie trägt jetzt übrigens auch keine schwarzen Catsuits mehr, sondern asiatisch anmutende, guruhafte Flattergewänder. Sie war schon immer sehr schön, diese Frau, die einmal meine Freundin war, doch jetzt, mit etwas über vierzig, liegt nichts mehr in ihrem Blick, was noch an das Mädchen aus den Achtzigern erinnert und an die Begeisterung, die uns damals beseelte. Sie ist allem, was uns einmal wichtig war, untreu geworden und hat die entstehenden Hohl- und Leerräume mit Schlagwörtern gefüllt, so, wie ein Klempner die Löcher, die er gerade nicht brauchen kann, mit irgendwelchen Kunststoffen ausschäumt. „Man muss zuerst sein eigener Freund sein, bevor man eines anderen Freund sein kann", das ist natürlich eine wunderbare Lebensmaxime – die mich irgendwie an Oscar Wilde's *Perfekten Ehemann* erinnert, als der Dandy, um den es da geht, beim Blick in den Spiegel bemerkt: „Die Liebe zu sich selbst ist der Beginn einer lebenslangen Romanze …" Geza duftet nach *white linen* (wonach sonst?) und legt beim Reden, das hat sie Rob abgeschaut, die leicht gespreizten Fingerspitzen aufeinander, während sie über die Vorteile verschiedener Microfasergewebe doziert; oder über Vitamine und Mineralstoffe und *Power-Food*, so als handle es sich um Nietzsche oder um Adorno.❡

Kaffee gibt es, wie man hört, bei ihr gar nicht mehr, auch sind die grün-goldenen Empire-Tassen verschwunden. Dafür serviert man in feierlicher Zeremonie Grünen Tee aus gusseisernen Kannen, während sanfte Waldgeräusche aus raffiniert verborgenen Klangquellen ans Ohr dringen.❡

Zur Zeit schreibt sie an einem Buch, zumindest behauptet sie das seit einigen Jahren, einem Ratgeber für *Powerfrauen* mit dem zweifellos verkaufsträchtigen Titel: *Lass dir ja nichts gefallen!* Denn Geza weiß, wo's langgeht. Sie ist *hip* und immer gut drauf, sie ist schön und erfolgreich. Was *Mainstream* ist, braucht ihr niemand zu erklären. Und *Wie-du-mir-so-ich-dir-Bücher* liegen gerade voll im Trend. ⸿

„Zweifle an allem mindestens einmal, und sei es auch der Satz zweimal zwei ist vier".
Oder: Warum man die Dogmen der „Werde-reich-glücklich-und-erfolgreich-Schiene" nur mit äußerster Vorsicht genießen sollte

„Nothing that is, is so" – „Nichts ist, wie es ist", sagt Shakespeare's kluger Narr Touchstone in „Wie es euch gefällt". Banal ist diese Aussage nur für den, der nicht richtig darüber nachdenkt, doch Shakespeare wäre nicht Shakespeare,

„Nichts ist, wie es ist."
Shakespeare

wenn in diesen fünf Worten nicht eine Bombe von einem Satz steckte, ein Sprengsatz sozusagen. ⸿

Zu Elizabeths' Zeiten muss es also auch schon so gewesen sein wie heute – dass die Dinge niemals das sind, was sie zu sein vorgeben. Nur haben wir die Tendenz, das immer wieder zu vergessen. Zweifeln ist die erste Bürgerpflicht und zweifeln sollte man vor allem an den Dingen, die diese „Ich-will-alles-und-zwar-sofort"-Gesellschaft täglich wiederholt. ⸿

Vielleicht geht's Ihnen ja auch so: Mir jedenfalls kommen diese egoistischen Durchhalteparolen inzwischen zu den Ohren wieder raus: Ich kann sie nicht mehr hören, diese „Brave-Mädchen-kommen-in-den-Himmel-böse-überallhin"-Ratgeber. Vielleicht stehen in diesen Büchern ja ein, zwei Sätze, die nicht ganz falsch sind, aber mal ehrlich: Was wollen wir „überall"? Ist ein Leben auf der Überholspur wirklich wünschenswert? Stehen Erfolg, Geld und Macht wirklich an oberster Stelle dessen, was wir im Leben erreichen wollen, wie man uns immer glauben macht?❡

„Fair is foul and foul is fair", auch das ist von Shakespeare: Er lässt es die drei Hexen in Macbeth sagen, erster Akt, erste Szene – es ist fast so etwas wie ein Motto. Das Böse hat es geschafft, die Wertbegriffe zu vertauschen, und das ist heute nicht viel anders. Offensichtlich ist das ein uralter Trick.❡

Doch lassen wir Shakespeare's Hexen hexen. Zur Abwechslung will ich Ihnen lieber einmal etwas ganz anderes bieten – einen Fragebogen nämlich, der es Ihnen erlaubt, Ihren *Aufmüpfigkeitskoeffizienten* zu ermitteln.❡

Lesen Sie doch einfach mal die folgenden Aussagen durch und schreiben Sie in die nebenstehende Spalte, was Sie davon halten. Diese Weisheiten stammen übrigens fast wörtlich aus dem Munde hochgelehrter Psychoingenieure oder auch so manchen dieser netten Selbsthilfebücher, die immer so harmlos und optimistisch daherkommen, als könnten sie keiner Fliege etwas zuleide tun.❡

Die eine oder andere Aussage darin mag vielleicht ganz brauchbar sein, doch wer genau hinsieht, erkennt sehr bald ihre lebensfeindliche Grundtendenz …❡

(Zutreffendes bitte ankreuzen)

Halten Sie diese Aussage für	A *völlig* *korrekt*	B *nur* *bedingt* *gültig*	C *kompletten* *Humbug*

„Ein positives Lebensgefühl ist die
Grundlage für psychische Gesundheit,
Erfolg und Lebenszufriedenheit."

„Es ist wichtig, dass man stolz
auf sich ist."

„Wer erfolgreich ist, ist auch glücklich."

„Es ist alles eine Frage des Willens."

„Bedürfnisse muss man sofort
anmelden, sonst geht man leer aus."

„Man sollte auch seine Kinder dazu
erziehen, sich durchzusetzen, sonst
haben sie in dieser Ellenbogengesell-
schaft keine Chance."

„Keiner schenkt dir was."

„Lass dir niemals in die Karten
kucken. Mit einem Pokerface kommt
man am besten durchs Leben."

„Man muss flexibel sein. Und
immer offen für Neues. Denn wer
zu spät kommt, den bestraft das Leben."

„Dabei sein ist alles."

„Vielleicht ist diese Welt nicht ganz
so, wie wir sie uns wünschen.
Aber daran können wir alleine
ohnehin nichts ändern. Klug ist,
wer gelassen bleibt."

	A völlig korrekt	B nur bedingt gültig	C kompletten Humbug
Halten Sie diese Aussage für			
„Emotionale Intelligenz, Fingerspitzengefühl und Einfühlungsvermögen helfen, Einfluss zu gewinnen."			
„Man muss seine Meinung immer klar und deutlich sagen, dann bekommt man auch, was man will."			
„Selbstzweifel sind ein Zeichen schwachen Selbstwertgefühls."			
„Das Gebot: Liebe deinen Nächsten wie dich selbst bedeutet zunächst einmal: Lerne, dich selbst zu lieben."			
„Jeder muss sehen, wo er bleibt."			
„Nur aus selbstbewussten Kindern können auch selbstbewusste Erwachsene werden."			
„Lernen muss Spaß machen."			
„Ein gesundes Selbstwertgefühl macht dich auch für andere Menschen attraktiver."			
„Nur keine falsche Bescheidenheit!"			
„Einmal pro Woche brauche ich einen Tag für mich selbst."			
„Man sollte nur in Erfolg versprechende Beziehungen investieren."			
„Zeit ist Geld."			

Halten Sie diese Aussage für	A *völlig korrekt*	B *nur bedingt gültig*	C *kompletten Humbug*

„Auch Kultur muss sich rechnen.
Ein Opernhaus, ein Museum, eine
Universität sollten ebenso
durchorganisiert sein wie
ein Wirtschaftsunternehmen."

„Geld allein macht nicht glücklich.
Es gehören auch Aktien, Beteiligungen,
Gold und Grundstücke dazu."
(K. Valentin)

etc. etc.

Auflösung:

Wenn Sie öfter als zehnmal die C-Lösung gewählt haben, kann man Ihnen nur gratulieren. Dann verfügen Sie nämlich über einen überdurchschnittlich hohen Aufmüpfigkeitskoeffizienten. Wenn Sie mehr den B-Lösungen zuneigen, sollten Sie noch ein wenig an sich arbeiten. Doch bedenklich wird's erst, wenn Sie mehr als ein halbes Dutzend Mal die A-Lösung angekreuzt haben. Dann hilft nur noch eine Überdosis: Lesen Sie zehn dieser neunmalklugen Bücher hintereinander weg und stellen Sie sich die Frage, die man sich eigentlich immer stellen sollte, seit Kant den Kategorischen Imperativ erfunden hat: Was wird aus unserer Gesellschaft, wenn *alle* nach dem „Keiner-schenkt-dir-was"-Prinzip handeln?

Genau! Dann sind wir nämlich nicht mehr als ein Trupp von Einzelkämpfern, eine Gesellschaft von lernbehinderten, emotionalen Krüppeln. Und genau so wollen uns die Bedürfnisproduzenten dieser Welt auch haben – das ist so klar wie Kloßbrühe.

Was man dagegen tun kann? Eine ganze Menge. Zum Beispiel kann man auf den ganzen Psycho-Schrott pfeifen und sich dafür auf seinen gesunden Menschenverstand verlassen.

Wer sich ein Gefühl für das bewahrt hat, was man früher, in grauer Vorzeit, einmal unter *Anständigkeit* verstanden hat, der weiß schon lange, wie der Hase läuft. Und Sätze wie „Tun Sie Gutes, wenn Ihnen danach ist" können ihn kaum davon überzeugen, dass hinter all diesem Psycho-Schrott nicht eine zutiefst lebensfeindliche Absicht steckt. Und das findet er auch bestätigt, wenn er auf Sätze mit so liebenswerten Formulierungen stößt wie „Nur *selbstwertschwache* Menschen helfen anderen." Mit selbstwertschwachen Menschen, müssen Sie wissen, sind die Dummbeutel wie Sie und ich gemeint, die noch freiwillig etwas leisten, ohne ein wie auch immer geartetes Entgelt dafür zu erwarten. Nach heutiger Auffassung können Sie ein solches Verhalten auch mit *Demenz* gleichsetzen, die eigentlich in hohem Maße therapiebedürftig wäre. *Anderen zu helfen*, kann man in solchen (meist aus dem Amerikanischen übersetzten) Ratgebern lesen, *mache nur dann Sinn, wenn es gute Gefühle in uns selbst auslöse.* „Wie Studien belegen", las ich kürzlich – und wollte meinen Augen kaum trauen, aber es stand wirklich da, schwarz auf weiß –, „wie Studien belegen, stärkt dieses Verhalten langfristig das Immunsystem und schützt den Helfenden vor Krankheiten und Selbstwertverlust …" Na bravo! Wunderbar! Inzwischen hat offensichtlich jede Briefkastentante mitbekommen, dass völlig hemmungsloser Egoismus wohl nicht ganz das Gelbe vom Ei sein kann, denn leider scheint diese Gesellschaft immer noch mehr *Gemeinschaftsgefühl* zu haben, als unseren Zeitgeistingenieuren recht ist. Also erlaubt man uns ein bisschen Altruismus, aber natürlich nur so viel, wie unserer Gesundheit zuträglich ist. Alles, was über dieses *vernünftige* Maß hinausgeht, sei von Übel, erklärt man uns. Direkt schädlich. Was vernünftig ist und was nicht, definieren natürlich die Bedürfnisproduzenten. Klar.

Sie degradieren Nächstenliebe zu einer Art medizinischer Präventivmaßnahme, so wie die Einnahme von Vitamin C oder D oder XY oder weiß der Henker … ❡

O Gott, wo sind wir nur gelandet? *Christus hat umsonst gelebt.* Ole Hansen hat es ja immer schon gesagt und ich fürchte, er behält recht, wenn wir nicht langsam anfangen … aufzuhören. Auch Kant und Fichte sind passé und alle anderen, *denen der Himmel über uns und das moralische Gesetz in uns* noch etwas bedeutet haben. ❡

Denn die Lüge hat – nach kollektiver Gehirnwäsche – die Macht übernommen. Wie sagte mein Großvater? *Eine Lüge, die man oft genug wiederholt, wird zur Wahrheit.* Übrig geblieben sind nur noch die hohlen Schlagwörter neoliberalistischer Phrasendrescher (und ihrer psychologisch geschulten Adjutanten) sowie die Axiome eines Wirtschaftssystems, das sich – niemand weiß genau, wann und wie – gegen uns gewandt hat. ❡

Eine Lüge, die man oft genug wiederholt, wird zur Wahrheit.

Think positive! Oder: Kennen Sie jemanden, den Selbstbewusstsein sympathischer gemacht hätte? Nein? Sehen Sie, ich auch nicht

Intermezzo 2

Doch wer wird denn gleich alles so schwarz sehen? „Think positive", heißt die Parole, auch wenn Realitätsverlust damit verbunden ist. Immer alles schön optimistisch sehen, das kriegt der positiv Denkende schon im ersten Semester beigebracht. Nur wenigen fällt noch auf, wie lebensfeindlich diese Autosuggestionen sind, denn sie nehmen uns Neugier und Kreativität, weil sie uns in Selbstzufriedenheit einlullen, und sie machen uns einsam und krank – aber immerhin *selbstbewusst.*

Und wenigen fällt auch auf, dass diese *Ich-weiß-genau-was-ich-will-Gesellschaft* uns zu beziehungsunfähigen, sozialen Krüppeln zu machen versucht, die aber die idealen Verbraucher darstellen. Ein unlängst erschienenes Buch, *„Ich find mich so toll, warum bin ich dann immer noch ein Single?"*, bringt es – sicher unfreiwillig – auf den Punkt. Denn dieses Selbstwertgeschwafel, das da in Umlauf gebracht wird, hat nur einen Zweck: Es paukt uns ein, dass *Egoismus normal* sei, denn nur so sei Erfolg machbar. Und Erfolg, da sind wir uns doch alle einig, Erfolg haben will doch jeder, oder etwa nicht?

Was man uns tunlichst verschweigt, ist, dass weder Erfolg noch Macht noch Geld noch ein starkes Selbstwertgefühl oder was auch immer man uns als erstrebenswert darstellt je einen Menschen *sympathischer* gemacht haben – und schon gar nicht glücklicher. Oder kennen Sie jemanden? Ich jedenfalls nicht. Ich kenne nur jede Menge Kotzbrocken, bei denen die positive Denke besonders gut angeschlagen hat und die sich alle für tolle Hechte halten. Sie belegen Kurse in Rhetorik und Menschenführung, in Mitarbeitermotivation und Zeitmanagement und sie kaufen Bücher mit so netten Titeln wie „So gewinnt man Freunde, bevor man sie braucht".

Dazu muss ich Ihnen unbedingt eine kleine Geschichte erzählen: Irgendwann traf ich einmal im Zug einen von diesen überaus gut aussehenden Yuppies, die pausenlos auf ihre Laptops einhacken, während sie darauf warten, dass ihre Handys klingeln. In meinem Falle war eben dieses Handy kunstvoll auf einer *Financial Times* abgelegt, allerdings einer vier Wochen alten Nummer. Aber vielleicht wollte der junge Mann ja auch nur die Tischoberfläche vor Kratzern schützen, wer weiß, so, wie mein Opa, wenn er einen Bückling aß, immer eine alte Zeitung unterlegte. Doch wenn ich's mir recht überlege, bezweifle ich doch sehr, dass dieses Jüngelchen zu einem solchen Ausmaß an Rücksichtnahme fähig war. Sein Handy klingelte jedenfalls tatsächlich und er nahm es mit dem Feuereifer eines Fünfjährigen auf, der eine Angelrute vom Christkind bekommen hat. Er begann das Gespräch mit den Worten, mit denen offensichtlich jeder Zug fahrende Handyaner dieser Welt das Gespräch beginnt: *„Ich sitze gerade im Zug"*, woraufhin man sich stets mit lauter, auch für den Zugchef noch vernehmbarer Stimme über die Details der Stehparty am letzten Samstag auslässt und/oder über die psychischen Defekte seiner lieben Mitmenschen. In der Wortwahl, fällt mir auf, ist man da übrigens nicht sehr zimperlich und die Tendenz ist deutlich fallend. Inzwischen schreckt man vor Ausdrücken nicht zurück, die – wie hätte es meine Großmutter ausgedrückt? – gewisse Rückschlüsse auf die Kinderstube zulassen … „Das ist aber Kacke", ist zur Zeit der Hit bei Handybenutzern zwischen fünfzehn und fünfundzwanzig, und wie rückständig ich bin, können Sie allein daran ermessen, dass ich jedes Mal, wenn ich einen solch fäkalen Redeschwall abbekomme, zusammenzucke und dann ganz unwillkürlich an das denke, was Sophie-Louise Brahm mit „akustischer Umweltverschmutzung" meinte. Das allgegenwärtige Handy hat die Lage deutlich verschlimmert. Ich bin noch mit der Anweisung aufgewachsen, dass man beim Telefonieren die Tageszeit bedenken und sich fragen solle, ob man den Angerufenen nicht vielleicht störe. Derlei feinsinnige Überlegungen sind heute völlig *out*, oder täusche ich mich? ¶

Die Geschichte mit meinem Handyaner ging dann so weiter, dass dieser Typ es nicht lassen konnte, mich von der Lektüre meines Buches abzulenken, denn er fand es wahrscheinlich nervig, dass ihm da jemand nicht die gebührende Beachtung schenkte. Ab einem bestimmten Grad von Selbstbewusstsein hält man nämlich seine Mitmenschen für zoll- und tributpflichtig. ¶

Da ich ein höflicher Mensch bin, habe ich eine – von meinem Großvater ererbte – Technik entwickelt, Langweilern zuzuhören, während ich gleichzeitig an etwas völlig anderes denke – an etwas Angenehmes wie einen langen Waldspaziergang mit meiner Familie zum Beispiel, mit integrierter Pilzsuchaktion und einem fröhlichen Abendessen danach – bei dem es mein Mann natürlich nicht lassen würde, die dümmsten Uralt-Medizinerwitze über Pilze zu reißen, nach dem Motto: „Man kann alle Pilze essen, aber manche eben nur einmal, haha." (Sehr komisch!) ¶

Aus solchen höchst angenehmen Überlegungen schreckte mich dieser Fatzke im Zug auf, als er sich plötzlich verhaspelte. Er sagte nämlich: „Ich kenne viele Freunde …" und verbesserte sich dann eilig: „Ich habe viele Freunde …" Tatsächlich kannte der arme Kerl aber eben nur viele Leute, doch mit echter Freundschaft, wenn er denn zu einer solchen fähig gewesen wäre, sah es offensichtlich schlecht aus. Und in einer Freud'schen Fehlleistung rutschte ihm das Eingeständnis dieses betrüblichen Umstands heraus: „Ich kenne viele Freunde …" Das arme Herzchen. So ein schöner Kopf, aber leider gänzlich hohl. Was mich, daran erinnere ich mich noch ganz genau, zu der Überlegung führte, dass Menschen, die in Beziehungen *investieren* wie in Erfolg versprechende Börsenaktien, dann auch leider nur über die Beziehungen verfügen, die sie *verdienen*. ❡

Tausende von Märchen wissen um diese Zusammenhänge – deswegen kommen sie auch langsam aus der Mode. Hierzulande gibt es nicht einmal mehr eine Hand voll Ausgaben von Grimms Märchen und von Fabeln schon gleich gar nicht. Denn sie könnten ja etwas vermitteln, was man gar nicht mehr gebrauchen kann: *Moral* nämlich. Und völlig verquere, auf Bescheidenheit und Nächstenliebe basierende Lebensentwürfe. Und so etwas können unsere Zeitgeistingenieure natürlich nicht durchgehen lassen … Kinder brauchen Märchen, das hat schon Bruno Bettelheim festgestellt. Aber Erwachsene brauchen sie möglicherweise auch. ❡

Es sind die ganz alten Märchen, in denen archetypische Menschheitserfahrungen von Jahrtausenden stecken. Sie wissen, was richtig ist und was nicht, und sind in ihrer Aussage ganz eindeutig. Sympathisch ist uns nur Hans im Glück, weil er so wunderbar naiv und gutgläubig ist. Sympathisch ist uns nur derjenige der drei Brüder, der bereitwillig sein Brot mit dem alten Hutzelweib teilt, das er da im Wald trifft. *Und nur ihm allein fällt auch deswegen das Glück zu.* Sympathisch ist uns nur das Mädchen, das erst die schöne bunte Kuh füttert und dem alten Mann zu essen gibt, den es da in der einsamen Waldhütte vorfindet, bevor es sich selbst hinsetzt, um etwas zu essen. Und wir wissen, dass nur ihr, eben weil sie so handelt, die Belohnung zuteil wird. Denn der alte Mann ist eigentlich ein verzauberter Prinz und die Waldhütte ein Schloss. ❡

Ich weiß nicht, wie es Ihnen damit geht, aber mich nervt

dieses Gerede von den braven Mädchen, die in den Himmel kommen, während bösen Mädchen alle Optionen offen stehen. *Will ich denn wirklich Macht, Geld, Ansehen und Erfolg? Ich pfeife darauf!* Nicht zu wollen, was man wollen soll, ist der Anfang aller Weisheit. Erst dann ist man wirklich frei. Mir reicht mein Prinz und auch mein Schloss, das noch nicht ganz abgezahlt ist und das möglicherweise eher der besagten Waldhütte ähnelt denn einem adeligen Palais. Mir reichen auch meine Nachwuchsprinzen und -prinzessinnen, wobei hin und wieder das eine oder andere dazukommt. Was will man mehr? Ich halte es für zweifelhaft, ob es wirklich erstrebenswert ist, auf einer Überholspur zu leben. Das muss auf die Dauer doch ziemlich anstrengend sein. Auch frage ich mich, ob es so angenehm ist, in einer Welt zu leben, in der fliegender Partnerwechsel als *normal* gilt und in der Treue, dem anderen und sich selbst gegenüber, nur noch als Naivität betrachtet wird. Da bin ich doch lieber so blauäugig wie ehedem. ¶

Auf einer Überholspur zu leben muss auf die Dauer ziemlich anstrengend sein.

Machen wir uns doch nichts vor: Das Ideal unserer Trenddesigner ist eine leicht manipulierbare Biomasse aus einsamen, selbstverliebten, emotionalen Legasthenikern, die schon mit der Paarung Probleme haben, die aber nach dem Motto: „Man gönnt sich ja sonst nichts" die Tröstungen der Heiligen Mutter Marktwirtschaft genießen. ¶

So jedenfalls hat es mein Großvater immer ausgedrückt, und wer sich's recht überlegt, muss zugeben, dass der alte Herr den vollen Durchblick hatte – kein Wunder, denn die Opfer dieses Wertewandels bevölkerten sein Wartezimmer. Schon damals, in den frühen Achtzigern, beobachtete er einen sprunghaften Anstieg seelischer Erkrankungen und, wie man hört, ist die Tendenz weiterhin steigend.

Noch nie hatten so viele Menschen wie gerade jetzt mit psychischen Problemen zu kämpfen. Die große „Allgemeine Verunsicherung" ist so gut wie abgeschlossen: Nichts, was einmal galt, gilt mehr. „Und die paar Werte, die noch übrig geblieben sind, kriegen wir auch noch weg", sagen sich die *Fundamentalisten*. Sie haben wirklich ganze Arbeit geleistet.¶

Doch Sie erinnern sich: „Niemand kann auf die Dauer gegen sein Gefühl anleben", davon war mein Großvater zutiefst überzeugt. Das hat etwas mit unserem *Gewissen* zu tun, das zu einem guten Teil aus einem *angeborenen* Gespür dafür besteht, was richtig ist und was nicht. Es ist nicht einmal anerzogen, sondern irgendwo in unseren Genen festgelegt. Es sagt uns, dass unsere Freiheit da endet, wo die Freiheit des Nächsten beginnt, es lässt uns unsichtbare Grenzen respektieren, die Grenzen des Anstands und des guten Geschmacks, und es sagt uns, dass wir nichts tun dürfen, was dem anderen schadet, und dass wir diese Schöpfung, die nicht uns gehört, bewahren müssen.¶

Es sind dies die „Minima moralia", die in jeder Seele festgelegt sind, und der Versuch, sich darüber hinwegzusetzen, muss notwendigerweise krank machen. Wissen Sie, was mein Großvater seinen Patienten riet? Er schenkte jedem von ihnen eine Schachtel Kaminanzünder und empfahl ihnen, sich auf höchst lustvollem, pyrotechnischem Weg zunächst einmal aller Druckerzeugnisse zu entledigen, in denen Sätze vorkommen wie: „Du bist die wichtigste Person in deinem Leben" oder „So erziehen Sie Ihre Kinder zu starken, selbstbewussten Individuen". Meistens reiche das schon, denn so ein nettes kleines Feuerchen – dessen Symbolwirkung man nicht unterschätzen solle – habe stets die erfreulichsten Wirkungen.¶

Und dann pflegte er seinen Patienten noch die Geschichte von Königin Victoria zu erzählen, die irgendwann einmal unwirsch reagierte, als ihr Premierminister sie von den Vorteilen einer Reihe von ungewöhnlichen Maßnahmen zu überzeugen versuchte: „Mein lieber XY", soll sie gesagt haben, „ich habe gelernt, was anständig ist und was nicht. Das Wort *vorteilhaft* will ich hier nicht mehr hören ..."❡

Nicht schlecht, oder? Die alte Dame hatte damals wohl keinen rechten Überblick mehr über das, was in ihrem Reiche so vor sich ging, aber irgendwann hat selbst sie gemerkt, dass es *Dinge gibt, die über die Hutschnur gehen.*❡

Und den Punkt haben wir nun auch wieder erreicht. Wir können nicht pausenlos über die Stränge schlagen. Es wird Zeit, dass wir uns wieder *ganz einfach* auf unser Gefühl, unsere Intuition, unser moralisches und auch unser ästhetisches Gewissen und schließlich auf unseren gesunden Menschenverstand verlassen. Ein nettes Feuerchen von Zeit zu Zeit hilft dabei, die Dinge ins rechte Licht zu setzen ... Zündeln Sie mit! Denn Zündeln macht Spaß. Und ein Kaminfeuer ist weitaus interessanter als Fernsehen.❡

„Die erste Nacht am Galgen ist die schlimmste": Einige elegante Methoden, endlich wieder Zeit und Ruhe für die Dinge zu finden, die wirklich zählen

Kritisch denkende Zeitgenossen wissen es längst: Fernsehen ist das Allerletzte. Und ganz offensichtlich wird es auch täglich schlimmer. Damit sage ich Ihnen nichts Neues und das ist auch der Grund, weswegen ich mir das Thema hier fast vollständig schenke, denn ich würde damit nur offene Türen einrennen. Und außerdem ist darüber schon mächtig viel Beherzigenswertes gesagt worden. ¶

Ich werde hier also nicht in ein wildes Lamento über *Big Brother & Co.* ausbrechen. Denn wer das Medium Fernsehen richtig zu nutzen versteht, wird sicher Gewinn daraus ziehen können. Meine Katzen gehen zum Beispiel jeden Sonntagnachmittag um fünf zu Nachbars rüber und schauen sich die englischen Tierfilme an, die da gezeigt werden. Auch unsere Kinder sind mehr oder weniger regelmäßig dort anzutreffen und pünktlich zum Abendessen habe ich dann alle, Katzen wie Kinder, wieder zurück, zufrieden schnurrend bzw. plaudernd, was beweist, dass die Flimmerkiste durchaus auch Vorteile haben kann. ¶

Jedenfalls haben wir, die geplagten Eltern, jeden Sonntag zur Teezeit zwei herrlich ruhige Stunden, weil es so wunderbar lehrreiche Filme im Fernsehen gibt. Und das ist doch immerhin etwas … Unser eigener Kasten ist defekt, zumindest offiziell. Was niemand weiß, ist, dass ich einen Widerstand entfernt habe, und seither staubt das Möbel so langsam zu (womit wieder einmal bewiesen ist, wie nützlich es sein kann, sich zuweilen über „Widerstände" hinwegzusetzen.) Die bloße Gegenwart des defekten Gerätes hat immer noch etwas Beruhigendes auf die kindlichen Gemüter unseres Nachwuchses. Erfreulicherweise fragen sie in letzter Zeit nicht einmal mehr, wann das Ersatzteil, das zur Reparatur unseres Bildschirms (angeblich) nötig ist, denn endlich eintrifft. Sie gehen zu unseren Nachbarskindern rüber, schauen gemeinsam mit ihnen in die Röhre und scheinen mit der Lösung ganz zufrieden zu sein. Ich revanchiere mich bei meiner Nachbarin natürlich und übernehme auch regelmäßig ihre Bande: Ich bringe unserem Nachwuchs bei, wie man *Pannekoeken* bäckt und

Apfelstrudel und echten Blätterteig zubereitet. Nachher brauche ich zwar ein Sandstrahlgebläse, um die Küche wieder sauber zu bekommen, aber was soll's? So jedenfalls gewinnen wir alle ein wenig Zeit und Muße.

Unsere Hunde haben seltsamerweise an den Fernsehnachmittagen kein Interesse mitzugehen. Sie starren lieber in die Kaminflammen – wie ihr Herrchen auch, der Sonntag nachmittags um fünf übrigens stets die besten Ideen hat. Über unserem Darjeeling (Second Flush) und einem Stapel höchst englischer Sandwiches und Zitronentörtchen läuft er zur Höchstform auf und erfreut mein Herz.

Das lässt mich manchmal daran denken, dass jeder, der fernsieht, sich um solche ruhigen, mußevollen Stunden bringt, die er eigentlich haben *könnte* und die auf Körper und Geist wirken wie ein warmer Regen auf meinen Gemüsegarten.

Und das ist das eigentlich Traurige an der Flimmerkiste. Nicht so sehr das Programm. Es ist so viel darüber geschrieben worden, wie sehr es unseren Seelen schadet. Doch das eigentlich Tragische ist: Wer fernsieht, beraubt sich all dessen, was er in dieser Zeit *tun könnte*. Und darum geht es mir in diesem Kapitel eigentlich: um die Zeit, deren Mangel jeder beklagt. Er könnte, wie wir, zum Beispiel Tee trinken und gemächlich plaudern und dabei ins Feuer starren wie Castor und Pollux, unsere beiden Spaniels, er könnte lesen oder in der Garage tüfteln und eine Seifenkiste bauen oder ein Vogelhaus, er könnte Rad fahren, Rosen oder Apfelbäume pflanzen (wie Luther seinerzeit empfahl), er könnte auch mit den Kindern Verstecken spielen oder eine Runde *Scrabble*, er könnte ein Mittel gegen Alzheimer entdecken oder das Rad neu erfinden, er könnte – ach, was weiß ich, er könnte *tausend* Dinge tun! Und er

würde es auch, wenn nicht diese Chaoskiste mit ihrer lauten Allgegenwart ihn ständig am Nachdenken hinderte. Wer's genau betrachtet, wird finden, dass die meisten unserer Zeitgenossen sich aus dem Leben, das sie eigentlich führen könnten, und aus ihrer Kreativität *wegzappen*. Wundert es Sie, dass *zappen* im Jargon amerikanischer Mafiosi eigentlich *jemanden umlegen, abknallen* meint und dass das italienisch *zappere* ursprünglich *unterminieren, untergraben, heimlich zerstören* bedeutet? „Zappe ruhig weiter, warte nur, balde zappst du auch", reimte mein Großvater ganz schnoddrig, wenn er denn einmal fernsah. Ab und zu, sagte er, könne man sich ruhig einmal vergewissern, wie schlecht das sei, was da geboten werde. Dagegen sei nichts einzuwenden. Doch gesünder sei es, die Kiste in ein Aquarium umzubauen oder in einen Kaninchenstall. Vielleicht fällt Ihnen ja noch eine originellere Verwendungsmöglichkeit ein ... ¶

Als ich mit meiner Nachbarin dieser Tage Kaffee trank, sagte sie mir, wie sehr sie uns um unseren fernsehlosen Zustand beneide – sie würde auch viel lieber mit ihrem Mann Tee trinken und plaudern, aber irgendwie schaffe sie es nie, sich durchzusetzen. Ich kenne das. Ich habe das auch nie geschafft. Ich verriet ihr den alten Trick mit dem Widerstand, aber dazu braucht es, das gebe ich zu, schon eine Menge Mut – und ein gewisses Talent zur Lüge. Das hat nicht jeder. Zum Trost habe ich ihr die Kopie eines Videos geschenkt, das ich vor ein paar Jahren für Castor und Pollux aufgenommen habe und das ich ihnen immer dann vorspiele, wenn sie ein bisschen melancholisch gestimmt sind (was bei Spaniels ja keine Seltenheit ist). Auf dem Band sind zweieinhalb geschlagene Stunden lang die Flammen unseres Kamins zu sehen. Nichts weiter. Castor kommt nach Ablauf dieser Zeit in die Küche und fordert mich mit

seiner kalten Hundeschnauze dazu auf, das Band zurückzu-
spulen, und manchmal, spätabends, setze ich mich dazu,
wenn das Familienoberhaupt noch unterwegs ist. Eigentlich sollte man solche Videos in Serie produzieren, denn ich
schätze mal, dass es eine ganze Reihe von Zeitgenossen
weitaus beruhigender finden, in die Flammen zu schauen,
als sich Hera L und Konsorten anzutun … Schreiben Sie
uns doch ganz einfach, wenn Sie Lust haben auf eines unserer Kaminvideos.❡

Ruhe zu haben ist ein Luxus. Kluge Leute wissen das in-
zwischen und schalten ab. Oder sie greifen zu einem altbe-
währten Hausmittel und gießen einmal pro Woche ein
Gläschen Apfelessig vermischt mit einem
Löffelchen Honig über die Fernbedienung.
Das wirkt unfehlbar. Himmlische Ruhe
und ein völlig neues Zeit- und Lebensgefühl folgen dieser Behandlung … Radikale
Kulturkritiker nehmen eine Schere und schneiden das
Kabel durch (doch sollte man vorher tunlichst den Stecker
rausziehen, denn solche Sachen gehen leicht ins Auge …).
Ganz Entschlossene entsorgen, wie man hört, den häus-
lichen Unruheherd vollends und abonnieren statt dessen
wieder eine Zeitung – was natürlich nicht die schlechteste
Lösung ist.❡

Man entzieht sich dadurch nicht nur einer Unzahl von
Werbebotschaften und setzt sich auch nicht weiter einem
zweifelhaften *Infotainment* aus, sondern man hat endlich
seine Ruhe und gewinnt Zeit für andere, wichtigere, ange-
nehmere Dinge, die uns weitaus mehr Glücksgefühle vermitteln können als alles *Relaxen* … Und außerdem schläft
besser, wer nicht fernsieht.❡

Das ist inzwischen nachgewiesen. Ein beherzter Schnitt

> *Ruhe zu haben ist
> ein Luxus. Kluge Leute
> wissen das inzwischen
> und schalten ab.*

also … und schon geht das Licht aus und die Bedürfnisproduzenten dieser Welt tappen erst mal im Dunkeln. ❡

Gleichwohl schreckt man vor endgültigen Lösungen mit
Messer, Schere, Licht ganz gern zurück, vor allem, weil
man davon ausgehen muss, dass damit häusliche Konflikte
verbunden sind. Hier hilft der bereits oben erwähnte Trick,
der vielleicht nicht ganz fair ist, aber es gibt eben Zwecke,
die die Mittel heiligen: Schrauben Sie *ganz einfach* ein wichtig aussehendes Teil Ihres Fernsehers, an das Sie gut heran-
kommen, heraus (aber auch hier gilt: vorher den Stecker
rausziehen!) und verlegen Sie es gründlich. Diesen Rat gab
– allerdings nur in Notfällen – mein Großvater Müttern
von übergewichtigen Kindern und er hatte stets die Befrie-
digung zu beobachten, dass ihr Nachwuchs wenige Wochen danach genau so aussah, wie gesunde Kinder eben aussehen sollten: braun gebrannt und voller Bewegungsdrang,
mit roten Backen, blitzenden Augen und jeder Menge
Unsinn im Kopf. Für Frauen, deren Männer gereizt reagieren, wenn sie ihre Sportschau nicht zu sehen bekommen,
ist diese Technik allerdings nicht unbedingt zu empfehlen. ❡

Das Problem mit der Flimmerkiste löst sich oftmals von
alleine, wenn sie von sich aus den Geist aufgibt (so von
Geist in diesem Zusammenhang überhaupt noch die Rede
sein kann). Darauf hoffen inzwischen viele. Immer mehr
kluge Leute lassen das Teil *ganz einfach* nicht mehr reparieren – auch das ist eine durchaus nachahmenswerte Methode für alle, die endlich wieder Zeit und Ruhe für die
wirklich wichtigen Dinge in diesem Leben haben wollen.
Wem es gelingt, sich der ungebetenen Gäste, die sich ihm
Abend für Abend aufdrängen, zumindest für eine Weile zu
entledigen, wird erfahrungsgemäß die eintretende Ruhe
als höchst ungewöhnlich empfinden. Das könnte man als

„*Ferienlagereffekt*" bezeichnen: Wenn Sie ein Haus voller Kinder haben und diese Kinder plötzlich alle ausgeflogen sind, dann wirkt die Ruhe geradezu beunruhigend, so paradox das klingt. Oder anders gesagt: Stellen Sie sich vor, Sie lebten jahrelang an einem Bahndamm und die Strecke würde plötzlich stillgelegt. Dann kann es durchaus sein, dass Sie der Nachtzug um zwei Uhr fünfundfünfzig, der jetzt gar nicht mehr vorbeifährt, aufweckt, eben weil er nicht mehr vorbeifährt. Es klingt verrückt, aber es ist so.¶

Und genauso verhält es sich wohl auch mit dem Fernseher. Wenn der Lärm plötzlich *fehlt*, reagieren wir beunruhigt. Das ist völlig normal. Aber das gibt sich. Wie sagt ein finnisches Sprichwort: „Die erste Nacht am Galgen ist die schlimmste". Danach geht's bergauf. Nach zwei, drei Wochen vermisst man weder *Talkshows* noch *Soapoperas*, und auch die blauen Bohnen, die in jedem durchschnittlichen Spielfilm durchs Wohnzimmer pfeifen, gehen einem am Arm vorbei.¶

Dann findet man die Stille *ganz einfach himmlisch*. Endlich kann man wieder seine eigenen Gedanken hören. Und man beginnt, mit der Zeit wieder das anzufangen, wofür sie eigentlich gemacht ist: Man gräbt Bücher aus und alte Aquarellkästen, versteht urplötzlich Einsteins Relativitätstheorien (die man ehrlich gesagt nie so richtig verstanden hat), man verbringt die gemütlichsten Schummerstunden der Welt plaudernd, lachend, wunschlos glücklich. Und man hat das Gefühl, dass die Zeit stehen geblieben ist …¶

Er ist sicher nur allzu berechtigt, der oft gehörte Einwand, man sei nach acht Stunden Arbeit oder mehr körperlich einfach so erledigt, dass man sich nur noch entspannen und an nichts weiter mehr denken möchte. Und dafür sei der Fernseher eben gerade recht.¶

Das sehe ich ein. Doch in letzter Zeit stelle ich mir immer häufiger die Frage: Was ist, wenn *Relaxen* gar nicht das ist, wofür wir es jahrzehntelang gehalten haben? Erholt man sich dabei eigentlich wirklich? Sind *Couch-potatoes* (alias Stubenhocker) entspannter als Briefmarkensammler zum Beispiel oder Hobbytüftler oder Sportler oder Freizeitdichter? Die Frage wird sich hier wohl kaum zufrieden stellend beantworten lassen, denn die neurologischen Zusammenhänge sind noch nicht einmal annähernd erforscht. Immerhin spricht einiges dafür, dass es nicht die *Ent*-Spannung ist, die uns die Glückshormone beschert, sondern ihr genaues Gegenteil – die Spannung.¶

Nicht die Ent-Spannung ist es, die uns die Glückshormone beschert, sondern ihr Gegenteil: die Spannung.

Tatsache ist: Wenn es Ihnen gelingt, den Fernseher aus Ihrem Leben und auch aus dem Ihrer Lieben zu verbannen (was möglicherweise etwas schwerer ist), schlagen Sie eine fast schon nicht mehr überschaubare Menge von Fliegen mit einer Klappe: ¶

Erstens gewinnen Sie *eine wunderbare Ruhe und ein völlig neues, subjektives Zeitgefühl.* Zweitens gewinnen Sie – *auch objektiv* – Zeit für andere Menschen und für tausend andere Dinge, die Ihnen drittens *Glücksgefühle* zu vermitteln imstande sind, die das Fernsehprogramm, wie es sich derzeit gestaltet, wohl kaum mehr bieten kann. Und viertens werden Sie vielleicht Dinge in Ihrem Leben entdecken, von denen Sie „damals, als Sie noch fernsahen", nicht einmal etwas ahnten. Vielleicht entdecken Sie, dass Sie ein schauspielerisches Talent haben, vielleicht gründen Sie auch eine Garagenband, einen Handball- oder einen Gesangverein oder auch eine Autorenwerkstatt. Wer weiß, wie Ihr kreatives Potential aussieht? Feststellen können nur Sie selbst es – indem Sie sich *ganz einfach* in das Abenteuer Kreativität stürzen …❡

Die Zeit ist eigentlich kein knappes Gut. Wir haben im Grunde eine ganze Menge davon. Benjamin Franklin, dieser alte Geizkragen, behauptete in seinem haarsträubenden, 1736 erschienenen Ratgeber *How to Get Riches*, Zeit sei Geld. Und damit hat er der Welt das beschert, was sie vorher nicht hatte, *Stress* nämlich.❡

Seither ist sie ungebrochen, die amerikanische Tradition neunmalkluger Ratgeber (die alle mit *How-to* beginnen und deren Titel eigentlich für sich sprechen: „How to Win Friends and Influence People …"). Zeit hat mit Geld nur gemeinsam, dass kaum jemand von uns darüber im Übermaß verfügt. Beide haben die bedauerliche Neigung, uns zwischen den Fingern zu zerrinnen, wenn wir allzu spontanen Impulsen nachgeben. Das ist eine geradezu banale Erfahrungstatsache. Und doch schaut man hier bei uns in Deutschland (beispielsweise) im Schnitt täglich über drei Stunden fern. Sie wohl nicht, sonst hätten sie ja keine Zeit, dieses Buch zu lesen, und ich sicher auch nicht (von den gelegentlichen Castor-und-Pollux-Videos einmal abgesehen).❡

Daraus lässt sich der Schluss ziehen, dass irgendeiner unsere Stunden mitguckt – weit über tausend im Jahr. Das ist kein Pappenstiel. Das sind umgerechnet, warten Sie mal, fünfundvierzig Tage (und Nächte) Non-Stop-Kino!❡

Was sich damit alles anfangen ließe …! Wir hätten endlich wieder Zeit für die wirklich wichtigen Dinge, für Blumen, Kinder und für den anderen, für Farben und leise Klänge, für Waldspaziergänge, Kaminfeuer, Teestunden, lange Briefe, Dinge, die uns das ermöglichen, was schon Epikur für die wichtigste Voraussetzung hielt, das höchste Gut, die Glückseligkeit, zu erlangen: Ataraxia, *Seelenruhe*.❡

„Sodom und Gonorrhoe!" (wie mein Großvater zu sagen pflegte). Oder: Warum sich mir dieser ach so tabufreie „Sextalk" mächtig aufs Gemüte schlägt

Spätestens seit Verena Feldmaus – oder wie heißt sie noch? – das Primatenfernsehen erfunden hat, sind Penisse sozusagen in aller Munde, und zwar in voller Länge. Da lässt man sich des Langen und Breiten nicht etwa nur über Partnermassage aus, oh nein, damit lockt man inzwischen keinen Hund mehr hinterm Ofen hervor. Nein, inzwischen geht es schon im Nachmittagsprogramm so richtig zur Sache: Von *Fellatio* ist da die Rede und von *Cunni-was-weiß-ich*, von Dingen jedenfalls, bei deren Erwähnung Frauen meiner Generation immer noch rot werden, wenn sie denn überhaupt wissen, was damit gemeint ist und worin sich das eine vom anderen unterscheidet.

Also, ich habe das jedenfalls immer verwechselt, aber ich schätze mal, dass ich – prüde, wie ich bin – da keineswegs als repräsentativ gelten kann. Bis zum Alter von zwanzig habe ich *Fellatio* für so eine Art Pelztierchen gehalten, dem Chinchilla nicht unähnlich, und bei *Cunni-dingsbums* dachte ich mir auch nichts Böses, es erinnerte mich immer ein wenig an Wagnersche Walküren mit Damenbart und einer Oberweite von etwa zwei Metern, die auf Namen hören wie *Rossweisse* oder *Waltraute* oder eben *Kunigunde*. Vielleicht habe ich dabei auch an *Conny auf dem Pferdehof* gedacht, denn dem Alter war ich damals gerade so entwachsen. Ich erinnere mich auch noch sehr gut daran, dass ich *Libido* für eine Art Fußballspieler gehalten habe, bis mich ein Fußballprofi über die wahre Bedeutung von *Libido* und was sonst so alles damit zusammenhängt aufklärte. Ein Glück, denn ich hätte mich ganz schön blamiert. Seither weiß ich wenigstens, dass *Libido* und *Libero* nicht dasselbe sind, und das ist ja schon mal was. Was allerdings ein *Libero* so alles macht, das habe ich – sehr zum Kummer meines Mannes, der übrigens mit dem genannten Fußball-profi identisch ist – immer noch nicht so richtig verstanden. Jedenfalls sieht man an dieser Geschichte, wie sehr man sich doch täuschen kann ... ¶

Seit damals habe ich natürlich viel dazu gelernt, klar. Man will ja nicht dumm sterben, also schaut man fern und lässt sich aufklären. Die Zeiten sind endgültig vorbei, wo man sein Wissen über diese Dinge aus Vaters Konversati-onslexikon bezog. Das erinnert mich immer an die Ge-schichte von dem Achtjährigen, der eines schönen Tages von seinem Papa so ganz im Vertrauen gefragt wird, ob er denn schon aufgeklärt sei – woraufhin der Knabe zur Antwort gibt: „Aber sicher doch, Papa, was willst du denn wissen?" ¶

Lachen Sie nicht! Kürzlich hatte ich in meiner Buch-handlung drei Jungs, die kaum älter als zwölf, dreizehn gewesen sein mochten und die mich fragten, was ich denn an Literatur über den *Gspot* dahabe. Da stand ich nun als ziemlich reife, um nicht zu sagen überreife Frau und Mutter von drei Kindern und ließ mich von diesen coolen Knaben darüber aufklären, was ein *Gspot* ist – diese *Whizz-Kids* erzählten mir was von *Vagina* und *Schambein* und *manueller Stimulatio,* als erläuterten sie mir die Funktionsweise eines *Ottomotors!* Das bedeutet im Übrigen nicht, dass diese Kna-ben so aussahen, als wüssten sie über Otto- und andere Motoren mehr zu sagen als: „geil!" Ich schätze eher, dass sie nicht einmal zwei vollständige Sätze über das physikalische Grundprinzip einer Kneifzange hätten sagen können. Wie dem auch sei: Ich schaute meine Kolleginnen an, meine Kolleginnen schauten mich an und plötzlich mussten wir alle so unmäßig lachen, dass die drei sich nicht ernst genommen fühlten und mit ihren Kickboards beleidigt abzogen. Natürlich haben wir uns danach sachkundig gemacht und nach erhellender Literatur zum Thema *Gspot* gesucht. Hatten wir auch tatsächlich da, woran Sie ermessen können, was für eine gut sortierte Buchhandlung wir führen. Das Gspot-Buch fand ich allerdings bei den Sportbüchern, weil es jemand für so eine neuartige *Gymnastik* gehalten hat. Stimmt ja auch irgendwie.❡

Der *Gspot*, darüber hat mich mein Mann aufgeklärt (manchmal ist es eben doch gut, wenn man einen Mediziner zu Hause hat), der *Gspot* ist ein Punkt in der weiblichen Anatomie, dessen Stimulation zur Ausschüttung von Endorphinen führt. Das hat sich die Natur so ausgedacht, damit das Kinderkriegen eine Spur einfacher wird. Aber seit man herausgefunden hat, dass man an diesen Punkt auch so kommt, gibt's kein Halten mehr: Glücksgefühle, denkt man, lassen sich manipulieren, wenn man nur weiß, wo man hinlangen muss. Die Anstrengung, die damit verbunden ist, kann man umgehen. Und das ist wieder mal ziemlich typisch für unsere – mechanistische – Art zu denken. Glück gibt's auf Knopfdruck, wenn man eine Münze in einen Schlitz wirft. Und die *Joystick-generation*, die gerade das Sagen hat, fällt darauf natürlich prompt rein. Klar. Weil wir stets auf das hereinfallen, worauf wir hereinfallen sollen.❡

Dass Sex nichts mit Liebe zu tun hat, haben wir ja inzwischen auch gelernt. Es ist alles eine Frage der Technik, der Stellungen, der Beleuchtung, der Wäsche und weiß der Henker von was sonst noch.❡

Da werden im Vorabendprogramm vor laufender Kamera Rezepte ausgetauscht, wie sich die fleischlichen Genüsse durch die Applikation von Himbeermarmelade, Gänseleberpastete oder Erdnussbutter noch steigern lassen, auch Kaviar scheint sich in dieser Hinsicht größter Beliebtheit zu erfreuen. Danach riecht das Bett dann wahrscheinlich wie ein *Fischkutter*, aber die Geschmäcker sind eben verschieden. Kürzlich las ich in einem *Reformhausblättchen* – man höre und staune –, dass man es doch mal mit Frischkornmüsli versuchen solle. Das ist sicher sehr gesund. Gesünder jedenfalls als der Vorschlag mit Schokolade, der mir kürzlich in einer ansonsten kreuzbraven Frauenzeitschrift begegnete: *Hot chocolate* hieß das Ganze und daneben wurde passenderweise (wahrscheinlich im Rahmen eines *joint venture*) für ein Waschmittel geworben. Das wird man dann auch nötig haben, wenn man das Sauzeug wieder aus der Wäsche raushaben will. Aber man kann ja auch weiße Schokolade nehmen – oder Smarties, die schmelzen nicht so schnell, aber sie sind natürlich auch nicht so gut wie Weinbrandtrüffel ... ¶

Ich weiß nicht, wie's Ihnen damit geht: Mir kommt dieses endlose und gar so vorurteilsfreie Gerede über Sex inzwischen zu den Ohren raus. Das ist so, als servierte man mir tagtäglich morgens, mittags und abends etwas, was ich eigentlich sehr gern mag: Buttercremetorte zum Beispiel. Spätestens nach drei Tagen würde ich das Handtuch werfen und wäre für immer kuriert. *Aber vielleicht ist ja das die geheime Absicht des Sextalks? Überdruss?* Nicht unmöglich. Ja, bei Licht besehen spricht sogar einiges dafür. Wie sonst lässt sich erklären, dass diese Enttabuisierung die Beziehungen zwischen den Geschlechtern nicht gerade verbessert hat? Denn das war doch angeblich der Zweck der

Kampagne, oder? Ich schätze mal, dass alles, was man damit erreicht hat, die Entzauberung eines einstmals wunderbaren Geheimnisses ist – oder erscheinen die Dinge nur mir in diesem Licht?

Sex, wohin das Auge blickt! Es kommt kaum noch eine Sockenreklame ohne mehr oder weniger eindeutige erotische Anspielungen aus. Selbst Autoreifen werden mit nackten Hintern verkauft ... In Amerika sah ich kürzlich ein lewinskyähnliches *Grrrl* – natürlich in einem blauen Cocktailkleid – für ein ziemlich eindeutig zweideutig geformtes Eis am Stiel werben ... Seit Monica L. zum Generalangriff auf Ex-Präsident Clinton geblasen hat, ist sowieso alles zu spät. Seither ist das *Oval Office* zum *Oral Office* verkommen und diese Dauerlutschaffäre ist auf die Politik, die da gemacht wurde, nicht ohne Wirkung geblieben, fürchte ich. War ja auch der Zweck des Unternehmens. Boris Jelzin schreibt darüber in seiner Biographie, dass er wusste, was man plante, und Clinton noch warnen wollte, aber er kam zu spät. Monica war schon beim ersten Durchgang. Und ganz zufällig hatte sie auch ein Tonband in der Tasche.

Sie wissen das alles längst und deswegen, denke ich, brauche ich zum Thema Sex und Politik ebenso wenig zu sagen wie zum Thema Fernsehen.

Aber auch hier, scheint mir, gibt es noch einen anderen Aspekt, unter dem man das Problem betrachten kann: Beim Fernsehen ist es die Zeit, mit der sich Besseres anfangen ließe, und auch beim Sextalk drängt sich mir der Gedanke auf, wie fabelhaft Sex sein *könnte*, wenn man das Geheimnis, das ihn zu allen Zeiten umgeben hat, nicht zerstört hätte.

Was am Sex mal schön war, ist inzwischen alles den Bach hinuntergegangen. Man braucht schon ein dickes Fell, um sich der Dauer-Endlos-Erotisierung zu entziehen, die uns im Grunde ärmer macht, weil sie etwas entzaubert hat, dessen Entdeckung einmal sehr spannend war. Und das ist das eigentlich Traurige, um nicht zu sagen Tragische an der ganzen Geschichte.❡

Wenn heute viele vierzehn- bis achtzehnjährige Teenies sämtliche Formen des *come-together* bereits ausgetestet haben, dann frage ich mich allen Ernstes, ob allzu viel Toleranz den Seelen unserer Kinder wirklich gut tut. In vielen Märchen der Welt geht es darum, dass ein junges Mädchen in einen „Dornröschenschlaf" fällt, bevor es, wenn die Zeit reif ist, seinen Prinzen trifft: Man nennt diese Zeit

Die Dauer-Endlos- Erotisierung macht uns im Grunde ärmer, weil sie etwas entzaubert hat, dessen Entdeckung ein- mal sehr spannend war.

zwischen geschlechtlicher und geistiger Reife Latenzzeit. Was ich damit sagen will, ist nicht etwa, dass man früher mehr über die kindliche Psyche gewusst hat, aber man hat zumindest *geahnt*, dass es nicht allzu gesund ist, mit diesen Dingen zu früh zu beginnen. Und wer genau darüber nach- denkt, wird sich der Weisheit dieses intuitiven Wissens nicht verschließen können … Dumm waren die damals nicht.❡

Wenn sechzehnjährige *Grrls* heute an ihrem vaginalen Orgasmus arbeiten statt ihren Hesse zu lesen, dann findet Kultur- und Traditionsverlust schon in den Köpfen unserer Kinder statt. Oder sollte ich mich da täuschen?❡

Dann ist da noch etwas.❡

Früher, lang, lang ist's her, soll zum Sex auch mal Liebe gehört haben, aber auch das versucht man uns vergessen zu machen. So ganz haben die Bedürfnisproduzenten das The- ma allerdings noch nicht im Griff, es wird leider immer noch mehr geliebt, als ihnen recht sein kann, aber durch

klug angefachte Konflikte zwischen den Geschlechtern
lässt sich das auch noch lösen. Die Aggressionsbereitschaft
ist inzwischen schon so groß, dass auch die letzten Bezie-
hungs*willigen* sich die Sache lieber doch noch mal überlegen ... Die „Neue Rücksichtslosigkeit" zeigt auf diesem
Gebiet die schönsten Früchte. Man hat aus der Liebe eine
Art Sport gemacht, so eine ringkampfähnliche Matratzen-
übung, bei der sich die Seele regelmäßig einen Schnupfen
holt – und zwar nicht nur weibliche Seelen, die Männer lei-
den ganz genauso. Denn den Zeitgeistingenieuren ist das
Kunststück gelungen, sie ebenso zum Sexualobjekt zu stili-
sieren wie ein paar Jahre zuvor die Frauen. Die Gegensätze
sind inzwischen fast unüberbrückbar geworden – sehr zur
Freude derjenigen, die dafür verantwortlich sind ...❡

Hier hilft nur eins: Abschalten und Tee trinken, wenn
Sie im Rahmen unserer medialen Dauerberieselung etwas
von analem, oralem oder wie auch immer geartetem Sex
hören, der angeblich das Gelbe vom Ei sein soll. Echter *hot
sex* hat etwas mit dem Kopf zu tun und mit der Seele und
nicht mit der Stellung 55b aus *More Joy of Sex*. Vor allem
aber lassen Sie sich nie weismachen, dass man eine Beziehung sofort abzubrechen hat, wenn's mit dem Sex nicht
mehr so richtig hinhaut – denn Sex ist angeblich ja so
immens wichtig. Ist er *nicht*. Er ist nicht alles. Und es gibt
mehr Dinge zwischen Himmel und Erde, die uns glücklich
zu machen imstande sind: Lesen zum Beispiel, schreiben,
Bäume pflanzen, Kinder erziehen, lachen, spazieren gehen,
malen, musizieren, reden.❡

Was mich an meine Großmutter, die Blumenmalerin,
denken lässt, die irgendwann einen tausend Seiten starken
Wälzer in Empfang nahm, der aus der van Köpingschen
Buchhandlung daheim angeliefert wurde – es war ein Fach-

buch für den Großvater mit dem Titel „Der Orgasmus der Frau". Sophie-Louise Brahm legte es etwas unwirsch auf den Schreibtisch ihres Gatten mit der Bemerkung: „Also was es nicht alles gibt, so ein dickes Buch *über die paar Sekunden …*" , was meinen Großvater sehr amüsierte: Er lachte schallend, stand auf, fasste seine Lowise um die Hüfte und flüsterte ihr etwas ins Ohr, das ich ja gern gehört hätte. Aber ich habe nie herausgebracht, was es war. ¶

Wer liest, sieht mehr. Oder: Warum es nichts bringt, die Tageszeitung abzubestellen

Die Sache mit der „Großen Allgemeinen Verunsicherung" hat sich inzwischen herumgesprochen: *Nichts, was einmal Gültigkeit hatte, gilt noch.* Was gestern noch normal war, ist heute möglicherweise schon verdächtig. Alles ist im Fluss oder, präziser gesagt, im Eimer – diesem Eindruck kann sich der aufmerksame Zeitungsleser kaum noch entziehen. ¶

Das ist offensichtlich auch der Grund dafür, dass *Zeitunglesen inzwischen schlechte Laune macht.* Vielen schlägt sich die morgendliche Lektüre derart auf den Magen, dass ihnen der Appetit aufs Frühstück und möglicherweise auch aufs Mittagessen gänzlich vergeht. Und das führt

Nichts, was einmal Gültigkeit hatte, gilt noch.

dazu, dass sie stattdessen ihre Informationen (oder was sie dafür halten) lieber aus einer netten, locker gestalteten Nachrichtensendung beziehen, vorzugsweise aus dem Munde einer hübschen, optimistischen Sprecherin, an der das, was sie da von sich gibt, völlig vorbeigeht, die aber ihren Zuschauern die beruhigende Gewissheit zu vermitteln weiß: „Es ist alles nur halb so schlimm, es wird schon wieder werden, es ist ja immer wieder geworden und im Grunde ist ja auch *alles im grünen Bereich*." Im Fachjargon nennt sich diese Form von Berichterstattung *Soft News*, in Analogie zu *Soft Drugs* wahrscheinlich. Die Wirkung ist ähnlich.❡

Dagegen sehen Zeitungen inzwischen ziemlich blass aus. Wen wundert's, dass so viele abbestellt werden wie nie. Das ist verständlich, denn viel Gutes ist darin ja nicht zu lesen. Und das liegt nicht nur daran, dass Zeitungen die bedauerliche Neigung haben, nur schlechte Nachrichten zu bringen (denn bekanntlich ist nur eine schlechte Nachricht eine gute Nachricht). Nein, der eigentliche Grund ist ein anderer: Wer heute eine Zeitung aufschlägt, ahnt, dass alles, aber auch wirklich *alles*, den Bach hinuntergeht. Und das ist auf die Dauer schwer zu ertragen.❡

Das ist der Grund, weswegen viele inzwischen kapitulieren. Aber es bringt nichts, die Zeitung abzubestellen. Im Gegenteil – man sollte versuchen, am Ball zu bleiben und sich bei dem, was da steht, seine eigenen Gedanken zu machen. Und das kann nur, wer über die Dinge *liest*. Beim Fernsehzuschauer gehen die Infos (oder was man ihm stattdessen verabreicht) hier rein und da wieder raus. Es bleibt nichts hängen. Denn die Fakten, von denen da berichtet wird, sind schon längst keine Fakten mehr, sondern nur noch *Faktoide*, wie ein paar hellwache Köpfe jene *nachrichtenähnlichen* Gebilde nennen, die nur noch so tun, als seien sie Nachrichten. Die richtigen Nachrichten sind ganz woanders und lassen sich daheim nur noch *doubeln* ... Da können in entfernten Weltgegenden Bomben fallen, aber bei uns wird natürlich darüber berichtet, dass im Scheidungskrieg Boris gegen Babs Boris gerade führt mit sechzig zu dreißig (Millionen): *Spiel, Satz und Sieg ...*❡

Kennen Sie dieses Experiment, mit dem sich Medienforscher ganz gern die Zeit vertreiben? Sie fragen durchschnittliche Fernsehzuschauer fünf (!) Minuten nach dem Ende einer Nachrichtensendung, was sie denn da gerade gehört haben. Dass dieser Test stets ein vernichtendes Ergebnis hat, können Sie sich zweifellos vorstellen. Außer der grellfarbenen Bluse der Nachrichtensprecherin erinnern sich die meisten nur noch an den Wetterbericht. Und das ist wohl auch der Grund dafür, dass die Meteorologen inzwischen fast so eine *Show* abziehen wie Rudi Carrell beim *Spiel ohne Grenzen.*

Nur wer liest, kann sich seine eigenen Gedanken machen, schon weil er nicht mit einem vorgegebenen Tempo Schritt zu halten braucht. Man kann aufhören, wenn einem danach ist, und auf das horchen, was unser Kopf und unser Herz dazu zu sagen haben. Wer Zeitung liest, hat die Hoffnung noch nicht aufgegeben, dass sich der Lauf der Dinge noch einmal ändern lässt. Und das ist schon eine ganze Menge.

Rechnen Sie das, was da steht, immer „ein wenig hoch", das heißt denken Sie die Dinge weiter und zu Ende. Man glaubt als anständiger Mensch ja stets, dass es keine Steigerung mehr gibt. Aber hier liegt einer der großen Denkfehler, denen man immer wieder erliegt: Es gibt sie doch! „Schlimmer geht immer" – selbst auf das Allerletzte lässt sich noch eins draufsetzen. Das ist das ewige Gesetz dieser besten aller Welten. Als man kürzlich den Big Brother-Chef interviewte, behauptete er leichthin, dass er auch für eine Sendung mit dem Titel *Russisches Roulette* noch genügend Kandidaten bekäme, die dann vor laufender Kamera ihre selbstmörderi-

„Schlimmer geht immer": Das ist das ewige Gesetz dieser besten aller Welten.

schen Spielchen spielten. Na, das wäre vielleicht ein Knüller! Aber auch daran würde man sich bald gewöhnen, fürchte ich. Denn bekanntlich „jewöhnt man sich an allem", wie der Kölner sagt, und ein Berliner würde das Ganze wahrscheinlich mit dem schon sprichwörtlichen: „Ick wundre mir über jar nischt mehr …" kommentieren. ❡

Doch Querdenker wundern sich. Sie lesen Zeitung, stellen sich die richtigen Fragen und finden, dass jeder „Buhstabe" (sic!) zählt – wie unlängst die Süddeutsche Zeitung textete. Kreative Köpfe greifen ab und zu zur Schere und schneiden das eine oder andere aus, was sie nicht unmittelbar verstehen, um in Ruhe darüber nachdenken zu können. Was ist zum Beispiel davon zu halten, wenn in einer Meldung berichtet wird, dass ein berühmtes Opernhaus dazu gezwungen werden kann, seine Konzertflügel zu verkaufen, um irgendwelchen Zahlungsverpflichtungen nachzukommen? Das sind zwei Zeilen – und dahinter verbirgt sich die ganze Tragödie unseres Kulturverlusts … ❡

Wer so etwas liest, fragt sich: Muss sich wirklich *alles rechnen*? Welche Art von Kunst kann noch entstehen, wenn die Nieten in Nadelstreifen das Regiment übernehmen und nach der Bahn und der Post jetzt auch noch die Opernhäuser „privatisieren"? Was kommt dann als Nächstes? Wie wird sich Musik anhören, die von Waschmittelkonzernen gesponsert wird, weil die Öffentliche Hand kein Geld mehr dafür übrig hat? Werden wir überhaupt noch Bach zu hören bekommen oder nur noch die *Barkarole* und den *Bolero* und andere *Soft Classics*? ❡

Lesen ist eine Form von Kreativität, denn wer wirklich liest, denkt mit und vor allem denkt er die Dinge *zu Ende*. Er gehört zur *Infoelite* – das ist der brancheninterne Fachbegriff für die unbequeme Art von Zeitgenossen, die sich den

Schneid noch nicht haben abkaufen lassen. Im Gegensatz dazu steht das *Infopack*. Letzteres schaut fern oder liest, wenn's hoch kommt, Boulevardblättchen. Und hoch kommt's einem leicht, wenn man liest, was da so alles steht.❡

Wer eine gute Zeitung liest, hat mehr vom Leben. Und wer überdies noch das Talent hat, das herauszulesen, was *nicht* dasteht, der hat eine faire Chance mitzubekommen, was auf der Welt wirklich los ist. Wer liest, sieht mehr und er weiß auch mehr, als wir wissen sollen. Denn er hat es noch nicht verlernt, auf die leisen Töne zu hören und selbst das noch zu verstehen, was zwischen den Zeilen geschrieben steht. „Denn da war schon immer eine Menge Platz", pflegte mein Großvater zu sagen, „man muss nur richtig hinschauen." Wer einmal in einer Diktatur gelebt hat, weiß über diese Dinge Bescheid.❡

Wer liest, sieht mehr und er weiß auch mehr, als wir wissen sollen.

Intermezzo 3: Das Nilpferd und der Zug der Zeit und andere Weisheiten einer klugen alten Schildkrötendame, mit der mein Großvater regelmäßig zu korrespondieren pflegte

Zu dem allzu oft gehörten Argument, dass man ja doch nichts ändern könne, will ich Ihnen noch schnell eine Geschichte erzählen, eine Fabel besser gesagt, die ich, wie vieles andere auch, meinem Großvater verdanke.❡

Es ist die Geschichte vom Nilpferd und dem Zug der Zeit.❡

Es waren einmal drei Dickhäuter, ein Elefant, ein Rhinozeros und ein Nilpferd, die taten – lang, lang ist's her – eine Reise und fuhren per Zug gen Norden, wo sie in einem

Zirkus auftreten sollten. Sie waren so betrübt ob ihrer traurigen Lebensbedingungen, dass es einem schier das Herz zerreißen musste. Auch froren sie ganz fürchterlich und mit jedem Kilometer, den sie zurücklegten, wurde es ihnen kälter um Herz und Nieren. Aber das sei eben der Zug der Zeit, sprach das Nilpferd, und nichts und niemand könne daran etwas ändern. Und außerdem seien sie ja nur zu dritt und da müsse man jeden Gedanken an Widerstand aufgeben.❡

Das ging so lange, bis sich eine mitreisende kluge alte Schildkrötendame, die sich das Lamento eine Weile hatte anhören müssen, zu einer praktischen Demonstration entschloss. Ohne viele Worte zu machen, kletterte sie auf den Rücken des Elefanten (sie war noch ganz schön fit für ihre einhundertfünfzig Jahre, die sie auf dem Panzer hatte) und plötzlich stand der Zug still – denn die Schildkröte hatte die Notbremse gezogen.❡

Natürlich hat mein Großvater diese Geschichte stets wunderbar ausgeschmückt und uns in den buntesten Farben geschildert, welch trauriges Leben die armen Dickhäuter führten und wie sie das Heimweh nach ihrer schönen afrikanischen Heimat packte. Auch wusste er über die Schildkrötendame so einiges zu erzählen, die in ihrem langen Leben so mancherlei gesehen hatte und die große Florence Nightingale noch kennen lernen durfte. Miss Nightingale, erklärte unser Großvater, hatte während des Krimkriegs der Engländer zum ersten Mal in der Geschichte der Menschheit die Versorgung der Verwundeten in einer bewaffneten Auseinandersetzung systematisch organisiert, während sich zuvor die Hilfe – wenn überhaupt eine kam – nur aufs Absägen der Gliedmaßen beschränkt hatte, die man eigentlich hätte retten können. Jahrhunderte-, *jahrtausendelang* war den Herren, die diese Kriege anfingen, ziemlich gleichgültig, wer da alles auf den Feldern der Ehre starb. Ein paar Feldärzte und auch ein paar Barbiere (daher der Ausdruck *Feldscher*), die mit der Säge umgehen konnten, gab es zwar, aber an ausreichende Mengen von Verbandszeug hatte nie jemand gedacht – bis eine junge, mutige Frau das alles änderte. Und zwar im Alleingang, zu einer Zeit, als Frauen ihrer Gewichtsklasse kaum etwas zu sagen hatten und schon gar nicht dann, wenn sie unverheiratet waren und überdies nicht einmal adlig. ❡

Mein Großvater liebte es, in seine Geschichten immer ein wenig Geschichte zu packen, Erzählungen von Menschen, die die Welt gegen alle Widerstände bewegt, die Bleibendes geschaffen haben, obwohl man sie zunächst für naiv oder gar verrückt hielt. Robert Koch und Ignaz Philipp Semmelweis kamen vor in seinen Fabeln, die, so schwor er hoch und heilig, allesamt *wahr* seien. Denn er verstand die Sprache der Tiere, mein Großvater, zumindest behauptete er das. Jeder könne das übrigens, wenn er das Zuhören nicht verlernt habe …❡

Die Schildkrötendame habe ihm das alles erzählt, als er sie eines Tages auf einer kleinen Insel vor der afrikanischen Küste traf und erfreut feststellte, dass sie sehr gut Englisch sprach. Als er sie näher befragte, rückte sie mit der Nightingale-Geschichte heraus und erzählte auch von dem *Nilpferd und dem Zug der Zeit*. Die drei Dickhäuter lebten übrigens unweit der Küste wieder in ihrer angestammten Heimat. Einmal die Woche treffe man sich, um über alte Zeiten zu plaudern und über Notbremsen und Zirkusdirektoren.❡

Die kluge alte Schildkrötendame, sagte mein Großvater, habe ihn damals sehr beeindruckt und es trafen auch regelmäßig Briefe von ihr ein mit herrlich exotischen Marken darauf, die wir sehr bewunderten. Nach dem Essen pflegte mein Großvater die *Schildkrötenbriefe* vorzulesen. Es gab Dutzende davon, denn mein Großvater korrespondierte offensichtlich ständig mit ihr. Die weise alte Dame bezog darin zu den verschiedensten Themen Stellung und eigenartigerweise passten sie häufig zu dem, was uns gerade bewegte.

Die Briefe sind übrigens leider irgendwann verloren gegangen, keiner weiß, wie und wann, jedenfalls sind sie unauffindbar, und das ist sehr, sehr traurig.

Ich selbst besitze nur noch einen einzigen, den mir meine Großmutter schickte, als ich schon weg war von zu Hause und mich in einen allzu schönen Mann verliebt hatte. Aber das ist eine lange Geschichte, die mit dem zu tun hat, was Sophie-Louise Brahm über die Liebe wusste und über Männer, über Oberweiten und Bettkanten und lange Unterhosen, und deswegen gehört sie eigentlich nicht hierher – was ziemlich schade ist, denn sie hat beachtlichen Unterhaltungswert. Doch es geht hier um ernstere Dinge: ums Weltverbessern nämlich.

Meines Großvaters Fabel vom *Nilpferd und dem Zug der Zeit* lädt nicht nur zum Zweifeln ein an dem, was als selbstverständlich gilt. Sie lehrt überdies: *Jeder kann jederzeit etwas bewirken, auch wenn er sich alleine fühlt.* Er wird im Gegenteil feststellen, dass, wenn er einmal angefangen hat, sich aus dem Fenster zu lehnen, sich ihm viele andere zugesellen werden, die genauso denken wie er.

Jeder kann jederzeit etwas bewirken, auch wenn er sich alleine fühlt.

Die Notbremse, sagte er, könne man immer ziehen, auch wenn *vietato* daranstehe. Man dürfe sich nur nicht ins

Bockshorn jagen lassen und müsse sich die Fähigkeit bewahren, Menschen, die es nicht gut mit uns meinen, von denen zu unterscheiden, die guten Willens sind. *Das allerdings sei das Schwerste überhaupt.*

Meine Großmutter hatte, was diesen Punkt betraf, ein paar Faustregeln und eine davon, vielleicht nicht unbedingt die wichtigste, war: „*Mit Leuten, die hässlich werden, wenn sie lächeln, ist nicht gut Kirschen essen.* Verlasst euch lieber in allen, wirklich *allen* Dingen auf euer Gefühl, eure Intuition, eure Menschenkenntnis. Und seid vorsichtig mit Leuten, die etwas sagen, das nicht zu dem passt, was sie tun, oder die umgekehrt etwas tun, das im Widerspruch zu dem steht, was sie predigen." Der Menschheit wäre so einiges erspart geblieben, wenn sie dieser Erfahrungstatsache etwas mehr Beachtung geschenkt hätte …

Mit den Notbremsen ist das allerdings so eine Sache. Es wäre nämlich ganz schön, wenn man nur wüsste, wo diese verflixten Dinger zu finden sind – und wie sie überhaupt aussehen. Denn darüber lassen sich kaum zuverlässige Aussagen machen. Das ist in etwa wie mit der *Heisenbergschen Unschärferelation:* In einem dunklen Raum, in einer *black box*, ist es kaum möglich, zu Erkenntnissen über die Dinge zu gelangen, die sich in ihr befinden, denn wer sich tastend darin bewegt, läuft stets Gefahr, den Inhalt der *black box* zu verändern.

Das leuchtet ein. Heisenberg bezog sich freilich auf Atome, aber wenn man's genau betrachtet, passt diese Unschärferelation auch auf unsere Geschichte mit der Notbremse.

Denn es geht uns damit so, wie der Kripo in einem undurchsichtigen Kriminalfall: Da tappt immer alles im Dunkeln. Im richtigen Leben ist es aber leider nicht wie im Krimi, denn dummerweise kann man sich hier nicht darauf verlassen, dass alles gut ausgeht und dass zum Schluss ein kluger Kopf die Ordnung der Dinge wiederherstellt. So gibt es im richtigen Leben denn auch keine Happy-End-Garantie.❡

Auch kann man heute nicht, oder nicht mehr, davon ausgehen, dass es Leute gibt, die es „schon richten werden". Ich erinnere mich noch an eine Zeit, in der man sich bequem zurücklehnen konnte, weil man wusste, dass uns vernünftige Staatsmänner regieren, Leute wie Adenauer und Ollenhauer und Schmidt zum Beispiel. *Die Alte Schule gibt's nicht mehr* – inzwischen sind Leute am Ruder, die mit Weltverbessern nicht mehr allzu viel im Sinn haben und eine eher Besorgnis erregende Tendenz zeigen, zunächst einmal ihre eigenen Schäfchen ins Trockene zu bringen. Deswegen werden wir den Part mit dem Weltverbessern wohl selbst übernehmen müssen.❡

Meine Großmutter (die nicht nur eine passionierte Gärtnerin war, sondern überdies mit fünfzig noch angefangen hatte, Geschichte zu studieren) hat diesen Typ von Selbstbedienungspolitikern übrigens gern mit ihren Nacktschnecken verglichen, gegen die sie einen erbitterten Kleinkrieg führte. Sie fand die erstaunlichsten Parallelen: Beide liebten das Halbdunkle, beiden fehle das Rückgrat, behauptete sie, und außerdem seien sie eiskalt, glitschig und ziemlich lästig. Auch rutschten sie zuweilen auf ihrer eigenen Schleimspur aus und pflegten stets da zu ernten, wo sie nicht gesät hätten, wobei sie es vor allem stets auf die kostbarsten Pflanzen im Garten abgesehen hätten, auf ihren wunderbaren Rittersporn zum Beispiel. Wenn es ums große Fressen ginge, seien sie jedenfalls immer zur Stelle, pünktlich und mit einer immer wieder verblüffenden Hurtigkeit.❡

Aber leider gäbe es einen ganz wesentlichen Unterschied zwischen Nacktschnecken und jenem uns wohl vertrauten Typus von Selbstbedienungspolitikern: Letzteren sei auch mit Bierfallen nicht beizukommen. Oder, sagen wir, nur in Ausnahmefällen. Nur eines helfe wirklich: absuchen und aussetzen. Bei Napoleon habe das damals ja auch gewirkt ... ¶

3

Das Prinzip
Anständigkeit
Oder:
Vielleicht sind die
Letzten von gestern
ja die
Ersten von morgen.
Über die Kunst
und
das Vergnügen
ein bisschen
altmodisch zu sein

*„Es ist an der Zeit",
sagte das Walross,
„über viele Dinge zu
reden: über Schuhe
und Schiffe – und
Siegelwachs –
über Kohlköpfe
und Könige."*

Louis Carroll,
Alice hinter den Spiegeln,
1872

139

Über das gar nicht so selbstverständliche Glück, statt eines *Jobs* einen Beruf zu haben

Es ist noch nicht sehr lange her, da bezeichnete ein führender Politiker in einem Fernsehinterview sein Wirken für dieses unser Land als *Job*. Ich erinnere mich noch, dass mein Großvater, als er dies vernahm, die ZEIT, in der er gerade las, zusammenfaltete und unter den Arm klemmte, bevor er samt Pfeife und Lesebrille den Raum verließ, ein undeutliches, halb unterdrücktes „Da soll doch einer …" vor sich hin murmelnd. Über die Lage in eben diesem Lande brauche, wer so etwas hört, sich keinen Illusionen mehr hinzugeben, fügte er noch hinzu, als er meinen fragenden Blick spürte. Dann schloss er leise die Tür, um nur niemand anderen in diesem Hause zu stören und ging in den Wintergarten, wo er sich mit seinen geliebten Orchideen über das Wetter und andere Nebensächlichkeiten austauschte.¶

Mein Großvater kannte das Geheimnis des Glücks. Zu einem guten Teil, erklärte er, bestehe es darin, den Geist auf ein Ziel zu richten, denn dafür seien unsere Köpfe gemacht. Ob es nun Bücher seien oder Briefmarken oder elektronische Schaltpläne, die uns faszinierten, sei im Grunde unerheblich. Für den einen ist es vielleicht der Blick in ein Mikroskop, der ihn fesselt, für den anderen die nächtliche Betrachtung des Sternenhimmels und möglicherweise gibt es auch ein paar Menschen, die sich für beides gleichermaßen begeistern können. *Wichtig sei nur, dass man sich für etwas begeistere.*¶

Wichtig ist, dass man sich für etwas begeistert.

Denn die coole Gleichgültigkeit, zu der uns dieses wunderbare Wirtschaftssystem zu erziehen versuchte, sei eigentlich nichts anderes als *Stumpfsinn.* „Nichts sehen, nichts hören, nichts sagen, nichts fühlen und vor allem *über nichts nachdenken, nicht einmal übers Geldausgeben* – das ist das neue Ideal einer Gesellschaft „on the rocks", die ansonsten an Idealen nichts mehr anzubieten hat, dafür aber fröhlich den Planeten plündert – und uns alle gern ein bisschen unglücklich sieht, entfremdet von allem, was die Schöpfung uns eigentlich zugedacht hat.❡

„Stupor, Stupor", war übrigens schon immer der lakonische Kommentar meines Großvaters, wenn er Dummheit begegnete. Und das kam nicht gerade selten vor, wie Sie sich sicher denken können. Damals, in den Sechzigern und frühen Siebzigern, kamen die ersten *Talkshows* auf und die waren noch Gold gegen das, was uns heute so zugemutet wird.❡

„Für wie dumm hält man uns eigentlich?", fragte er mit schmerzverzogener Miene, wenn es ihm gar zu bunt wurde und er den Lebensweisheiten eines Starfriseurs beispielsweise lauschen sollte oder denen eines Topmanagers, der über seine *„Firmenphilosophie"* schwadronierte.❡

„Mit Philosophie haben diese Leute, fürchte ich, ebenso viel am Hut wie mit sozialer Verantwortung. Von Sokrates und Platon haben die noch nie etwas gehört. Kant, Hegel, Schleiermacher und Schopenhauer (alias ‚Schoppenhauer') können die nicht einmal buchstabieren – geschweige denn Kierkegaard oder gar Berkeley. Nicht einmal Marx haben sie richtig verstanden, wenn sie denn überhaupt einen Blick in die Bücher tun, die ein bekennender Kapitalist ebenso scheut wie der Teufel das Weihwasser. Unter Garantie halten sie auch *Epikur* für ein neuartiges Haarwuchsmittel, darauf könnt ihr jede Wette eingehen …❡

Europäische Geistesgeschichte ist zu einem eitlen Accessoire emotional gestörter Geschäftemacher geworden. Wenn ich schon höre, dass jemand Philosophie in Zusammenhang mit Profiten bringt, dann kommt mir jede Toleranz für diese ‚Schöne Neue Welt' abhanden. *Geld hat noch niemanden reich gemacht*, wusste schon Seneca. Schlimm ist nur: Das Geld, das einige wenige verdienen wollen, macht uns andere, das tumbe Fußvolk, arm. Uns allen zum Hohne wird diese Umverteilung auch noch als ‚visionäre, innovative Geschäftsphilosophie' verkauft. Mein Gott. Und es ist nicht einmal ein Trost, dass diese Dummköpfe selbst nur den noch Größeren zuarbeiten …"❡

Was sich dagegen tun lässt? Nicht viel, aber vielleicht doch mehr, als man annehmen mag. Man kann zum Beispiel neugierige Fragen stellen. Wenn man Glück hat, lassen sich mit dieser ganz einfachen Technik durchschlagende Wirkungen erzielen. Die Frage „warum?" und vor allem die verblüffende Gegenfrage „warum nicht?" kann man auch dann noch stellen, wenn einem eigentlich ganz andere Dinge durch den Kopf gehen. Sie wirkt auf die langweiligsten Zeitgenossen höchst belebend und kann unvorhergesehene Folgen zeitigen.❡

Jens-Christian Brahm erfand diese Fragetechnik, als die Arzneimittelkonzerne in den Sechzigern wasserstoffblonde Pharmareferentinnen in hautengen Tailleurs auf sämtliche Ärzte in diesem Lande ansetzten. Die eine oder andere von diesen Damen, die da über die Dorfstraße angestöckelt kamen, hat er bekehren können, indem er ihre sorgsam einstudierte Rhetorik mit einer Reihe von unvermittelten Fragen durcheinander brachte. „Warum tun Sie das eigentlich, diesen Job, meine ich?", wollte er zum Beispiel wissen, während er der betreffenden Dame tief in die Augen schaute, woraufhin jede zweite von ihnen in Tränen ausbrach.❡

Für solche und andere Fälle hielt mein Großvater stets

einen Stapel feiner Baumwolltaschentücher bereit. (Sie waren aus ägyptischer Baumwolle und ich erinnere mich noch sehr gut daran, dass ich als kleines Mädchen fasziniert die goldenen Aufkleber darauf studierte: *Mako* stand da und *Mako* taufte ich denn auch den streunenden Hund, der uns zugelaufen war und der statt eines Halsbandes eines von Großvaters Taschentüchern umgebunden bekam.)

Ein paar jener Pharmareferentinnen, die mein Großvater mit seinen Fragen aus dem Konzept gebracht hatte, kündigten nachher ihren Job. Vielleicht nicht gerade die wasserstoffblonden, denn da war wohl Hopfen und Malz verloren, aber die netteren von ihnen machten etwas ganz und gar anderes, etwas, das vielleicht nicht sofort Geld einbrachte, aber etwas ungleich Wichtigeres: das Gefühl von grenzenloser Freiheit, verbunden mit einer unbändigen Lust am Leben. Sie emanzipierten sich von ihren Chefs und deren „Firmenphilosophien", von ihren Stöckelschuhen und den Zahlen, die sie „zu bringen hatten".

„Ich habe keinen Stress mehr", sagte eine von ihnen, die sich mit einem Partyservice selbständig gemacht hatte, „ich habe nur viel Arbeit. Und das sind zwei völlig verschiedene Paar Schuhe, die in etwa so viel miteinander zu tun haben wie die *High heels*, die ich früher tragen musste, mit den *Hush puppies*, die ich heute anhabe." Jedes Jahr zu Weihnachten brachte sie meinen Großeltern eine jener Torten, für die sie inzwischen berühmt ist: einen köstlichen Schokoladenkuchen mit Pfeffer und Chili und anderen geheimnisvollen Zutaten. Sie verschickt ihre „Tartes Sophie-Louise", wie sie sie getauft hat, in die ganze Welt. Das Rezept hat sie von meiner Großmutter. Es stammt noch aus der Zeit, als das Café Demel und das Sacher sich erbittert um das Rezept der einzig wahren Sachertorte stritten ... Das Demel verlor, wie man weiß, aber die Rezepte, die damals entwickelt wurden, sind unvergleichlich gut.❡

Doch zurück zu dem blonden Gift, das die Pharmakonzerne damals in Umlauf brachten. Mein Großvater nahm so viele von den armen Referentinnen ins Gebet, dass die Arzneimittelindustrie einen ständigen *brain-drain* verzeichnete und dem Dr. Brahm fortan keine mehr schickte – was dieser traurig fand, denn das Retten armer Seelen war eines seiner Steckenpferde.❡

„Lass dich, wenn du eine Entscheidung triffst, *niemals, wirklich niemals von finanziellen Erwägungen leiten*, denn das geht immer ins Auge", erklärte er. „Wichtig ist allein, dass du das, was du tust, wirklich liebst, sonst bist du dein Leben lang unglücklich, leidest über Gebühr unter Stress und Überarbeitung und unter den Krankheiten, die dadurch ausgelöst werden.❡

Wichtig ist allein, dass du das, was du tust, wirklich liebst.

Folge der Stimme deines Herzens, deiner *Berufung* im eigentlichen Wortsinne, wenn du einen *Beruf* wählst. Kann jemand, der seine Arbeit als *Job* betrachtet, Bleibendes leisten? Denn genau so hat es die Natur in uns angelegt: Das, was wir täglich tun, kann uns nur dann glücklich machen, wenn wir einen Sinn darin erkennen und etwas überzeitlich Gültiges und wenn es uns auch nach dreißig Jahren noch fasziniert. Jeder von uns hat den Wunsch, diese Welt ein kleines bisschen besser zu hinterlassen, als sie vorher war. Das ist der eigentliche Grund, warum es die Jungen immer und zu allen Zeiten anders, besser nämlich, als ihre Altvordern zu machen versucht haben. Nur so ist Fortschritt überhaupt möglich gewesen. Heute aber entfremdet dich die Konsumgesellschaft diesen uralten Zusammenhängen, indem sie Arbeit als sinnstiftendes Unternehmen zu sinnentleerten *Jobs* macht, so, wie sie Freude mit Spaß und Liebe mit Sex verwechselt. Sie hat nämlich ein ausgesprochenes Talent, uns ein X für ein U vorzumachen ...“

Mein Großvater hatte so eine Art, *Job* auszusprechen, als wolle er einen Priem ausspucken, und das allein hatte oftmals bereits die Wirkung, die zu erreichen er beabsichtigte.

Dazu gibt es eine Geschichte, die ich Ihnen unbedingt erzählen muss: Ich bin mit einer ganzen Reihe von Cousins und Cousinen auf dem Willemshof zu Christianssiel aufgewachsen. Manche waren nur während der Schulferien da, aber andere, die Zwillinge Peter und Paul zum Beispiel, immer. So wie ich. Ihre Eltern waren im Diplomatischen Dienst beschäftigt, jetteten von einem Ende der Welt zum anderen und stellten irgendwann fest, dass dies für Kinder kein Leben sei. Sie baten meine Großeltern, sich um die Buben zu kümmern, und das war für uns zweifellos das Beste, was uns passieren konnte ... Ab und zu wurde aus der weitläufigen Verwandtschaft noch eine kleine neugeborene Cousine nachgeliefert oder ein Hosenmatz, der bei einer Scheidung übrig geblieben war, und so wuchs die Familie beständig. Zum Schluss waren wir zehn, die Hunde nicht mit eingerechnet, die ebenfalls schiff- und wortbrüchigen Beziehungen entstammten und die meine Großeltern ebenso selbstverständlich aufnahmen wie uns.

Peter und Paul, die Unzertrennlichen, waren bald Feuer und Flamme für das Leben auf dem Lande. Nach einem halben Jahr stand der Entschluss für sie fest: Sie wollten beide Bauern werden.

Als sie elf waren, belächelten ihre Eltern diesen mit kindlichem Ernst vorgetragenen Berufswunsch, am Tag ihrer Konfirmation machten sie schon ernstere Gesichter, doch als sich die Zwillinge wenige Zeit später weigerten, Abitur zu machen, platzte die Bombe: Mein Onkel und meine Tante kamen eigens aus Papua-Neuguinea herbeigeflogen und beredeten ihren Nachwuchs mit allem ihnen zu Gebote stehenden diplomatischen Geschick, *einen vernünftigen Beruf mit Zukunft* zu wählen. Zweifellos haben sie es nur gut gemeint. ¶

Und sie hatten Erfolg. Peter und Paul machten mit wenig Begeisterung ihr Abitur und studierten mit noch weniger Begeisterung die Sprachen, die sie als Diplomatenkinder so nebenbei aufgeschnappt hatten. Dann gingen sie nach Brüssel und wurden kreuzunglücklich. ¶

Wen wundert's. Wer jemals dem Schwachsinn gelauscht hat, der da die Runde macht, kann sich des Gefühls nicht erwehren, dass es dort wohl kaum um Völkerverständigung geht oder um andere zum Wohle der Menschheit ersonnene Maßnahmen. Ganz im Gegenteil. ¶

Zwei Jahre lang hielten sie es aus. Zwei lange Jahre lang dolmetschten sie Phrasen von der einen in die andere Sprache und sie fanden es sehr bald unerträglich. Zudem plagte sie unter dem zumeist bleigrauen Brüssler Himmel das Heimweh nach Christianssiel und nicht einmal die Wochenendausflüge nach London oder Paris konnten sie auf andere Gedanken bringen – bis ihnen eines Tages ein ziemlich verrückter Einfall kam: Sie verlasen simultan zu einer bombastischen Rede von Monsieur Mitterand, die sie eigentlich zu übersetzen hatten, eine besonders spannende Passage aus Moby Dick. Paul hatte gewettet, dass es niemand merken würde. Und er gewann diese Wette auch. Doch was als Spaß aus einer übermütigen Laune heraus begonnen hatte, wurde für Peter und Paul bitterer Ernst: In

diesem Moment wurde ihnen klar, wie *herzlich sinnlos ihre Arbeit* war, und sie zogen die Konsequenz: Sie kündigten zum Entsetzen ihrer Erzeuger ihre wohl dotierten *Jobs*, fuhren nach Hause und verlegten sich kurzerhand auf Schweinezucht, auf die Nachzüchtung historischer Rassen genauer gesagt. Sie haben inzwischen schon eine ganze Menge Preise dafür gewonnen und einen Bildband über die lieben Tiere veröffentlicht, der den extrem verkaufsträchtigen Titel *Mit dir habe ich echt Schwein gehabt* trägt.¶

„Vielleicht ist *Borstenvieh und Schweinespeck* denn doch ein *idealer Lebenszweck*", meinte unser Großvater dazu. „Niemand kann auf die Dauer gegen sein Gefühl anleben", sagte er. „Wählt einen Beruf, der euch wirklich Freude macht, unabhängig davon, welche Zukunftsaussichten er angeblich bietet und mit welchem Prestige er verbunden ist. Nur so könnt ihr mit dem, was ihr tut, Zufriedenheit erlangen. Und zufrieden sind hierzulande, das haben statistische Erhebungen herausgebracht, zur Zeit *nicht einmal fünfundvierzig* Prozent der in abhängiger Arbeit stehenden Menschen – was eigentlich ziemlich traurig ist."¶

Diese Gesellschaft hat das Kunststück fertig gebracht, uns einzureden, dass ein Studium einer Lehre in einem praktischen Beruf unbedingt vorzuziehen sei. Warum eigentlich? Früher hatte ein junger Elektro- oder Schreinermeister mit fünfundzwanzig oftmals seinen eigenen Betrieb mit einer Reihe von Mitarbeitern, er fuhr Volvo, baute ein Haus und wurde möglicherweise schon Vater. Mit fünfundzwanzig weiß heute kaum jemand, wie er mit dreißig oder vierzig seine Brötchen verdienen wird. Die „Große Allgemeine Verunsicherung", die die Bedürfnisproduzenten sich für uns ausgedacht haben, bezieht sich eben auch und vor allem auf die zweitwichtigste Sache der Welt, auf

148

die Arbeit. Erkennbar ist das Ganze schon daran, dass Menschen, die ihre Arbeit lieben und bereit sind, mehr dafür zu tun, als *workaholic* bezeichnet werden, als therapiebedürftige Verhaltensgestörte, die noch nicht mitbekommen haben, dass im Relaxen der eigentliche Lebenszweck liegt ...❡

„Lasst euch niemals in eurer Berufswahl von derlei Erwägungen leiten und macht euch euer Leben ruhig ein wenig schwerer", riet mein Großvater. „Nehmt Herausforderungen an, statt den Weg des geringsten Widerstands zu gehen und den erstbesten Job zu übernehmen, der da des Wegs kommt und in dem angeblich die Zukunft liegt.❡

Die Zukunft liegt nur in euch, in eurem Herzen, das euch hilft, eine Aufgabe zu Ende zu führen, auch wenn sie schwierig ist oder sogar unüberwindlich scheint.❡

Werdet Geigenbauer oder Glasmaler meinetwegen, Buchhändler oder Restaurator oder studiert, wenn ihr denn unbedingt studieren müsst, Sprachwissenschaft oder Sinologie oder auch Philosophie. Wichtig ist nur, dass ihr es wirklich *liebt*. Nur dann könnt ihr auch etwas bewegen.❡

Und macht euch frei von diesem Versorgungsdenken. Macht euch frei von dem Gedanken, dass ihr auf immer bei jemand anderem in Lohn und Arbeit stehen müsst – es gibt kaum einen Beruf, in dem man sich nicht selbständig machen könnte. Löst euch aus den Abhängigkeiten unguter Arbeitsverhältnisse und zögert nicht, einen Job, der euch krank macht, an den Nagel zu hängen.❡

Zögert nicht, einen Job, der euch krank macht, an den Nagel zu hängen.

Es gibt immer eine andere Lösung. Sie macht vielleicht mehr Arbeit, ziemlich sicher sogar. Aber sie vermittelt dir gleichzeitig ein Gefühl von Freiheit und davon, was mit Glück eigentlich gemeint ist."❡

Über die Kunst und das Vergnügen sich
in einer schönen Buchhandlung oder einer
Bibliothek zu verlieren und erst zwei Stunden
später daraus wieder aufzutauchen – mit einem
Stapel Bücher unterm Arm und diesem
nicht näher bestimmbaren Leuchten in den
Augen, das nur die Vorfreude auf einen Genuss
besonderer Art zu bewirken imstande ist

Hier kommt meines Großvaters berühmte Bonbon-
Theorie ins Spiel: Glücksgefühle gibt Mutter Natur nur
nach erfolgter geistiger oder körperlicher Anstrengung aus
und sie lässt sich da auch nicht erweichen, sollte jemand
versuchen, sie sich auf andere, von ihr nicht vorgesehene
Weise zu verschaffen. Doch die Ablenkungs- und Zer-
streuungsgesellschaft, in der wir leben, hat ein massives
Interesse daran, uns vergessen zu lassen, wie die Dinge
eigentlich zusammenhängen. Denn wer liest oder Klavier
spielt, eine Puppenstube baut, sich selbständig macht oder
seine Familiengeschichte aufschreibt, *konsumiert* nicht, zumindest nicht in diesem Augenblick. Er verschwendet die
schöne Zeit, in der er eigentlich Geld ausgeben sollte, mit
so unprofitablen Dingen wie *Kreativität*, und wenn sich
herumspräche, welches Glück damit verbunden ist, wäre
es aus und vorbei mit Big Brother & Co. Kreative Köpfe
haben nämlich sehr schnell heraus, dass man uns schon
eine ganze Weile nur mit Ersatzdrogen vollpumpt, die mit
dem, was *Glück wirklich bedeutet*, etwa so viel zu tun haben
wie ein Tütensüppchen mit einer von Großmutters unver-
gleichlichen Consommés. Es liegen Welten dazwischen.❡
    „Glück", pflegte mein Großvater zu sagen, „hat auf die
Dauer nur der Tüchtige. Es fällt nur dem zu, der nutzt, was

ihm gegeben ist." *Denn wer tut, was er kann, der tut auch, was er soll, so einfach sei das im Grunde.*

Es komme nur darauf an, seine eigenen Möglichkeiten auszuloten, und gerade das versucht diese Ablenkungskultur tunlichst zu verhindern. Skateboard fahrende Achtzehnjährige sind ihr natürlich lieber als Leute, die in diesem Alter schon eine Gesellenprüfung ablegen und Fertigkeiten erlangt haben, die ihnen womöglich mehr Glücksgefühle zu vermitteln imstande sind als alles Relaxen.

Wer tut, was er kann, der tut auch, was er soll.

„Dieses System", behauptete mein Großvater, „erlaubt dir nur noch einen geringen Teil deiner geistigen, handwerklichen und künstlerischen Möglichkeiten zu nutzen – deiner sozialen und emotionalen Gaben übrigens auch."

Nach einer groben Schätzung meines Großvaters bemüht man sich, nicht einmal mehr fünfzig Prozent dessen auszubilden, wozu wir eigentlich fähig wären. „Demnächst", versicherte er, „wird man in den Schulen an Bildung gerade noch so viel vermitteln, dass die Schüler in der Lage sind, einen Kaufvertrag zu unterschreiben."

Ich erinnere mich noch daran, wie ich einmal, es muss Mitte der Achtziger gewesen sein, nach Hause kam und meinen Großvater und seinen besten Freund, den alten Jan-Willem van Köping in der schwärzesten aller Stimmungen antraf. Warum, darüber sei im nächsten Kapitel mehr verraten. Es hat etwas mit dem Verlust dieses vielleicht wichtigsten Wertes zu tun, des natürlichen Gefühls für das, was recht und unrecht ist und was die griechische Philosophie fünfhundert Jahre vor Christus als *Angeborene Idee* bezeichnet hat.

Trotz allem waren Krischan Brahm und Jan-Willem van Köping Optimisten, denn sie verstanden es, sich gegenseitig in der Überzeugung zu bestärken, dass ein paar Jahrzehnte Konsumterror nicht das zu zerstören imstande seien, was seit Hunderttausenden von Jahren in uns angelegt ist. *Und außerdem könne die Welt nicht untergehen, solange es noch Bücher gäbe und Leute, die sie läsen.* Der Schlüssel zum Glück liege in unserer Fähigkeit, all unsere Gedanken über eine längere Zeitspanne hinweg auf eine einzige Sache zu richten. Sie vermitteln dem Geist das, was Zappern und Bildschirmfreaks ein ewiges Geheimnis bleiben wird, *Kontinuität* nämlich.¶

Und dann ist da noch eine Erfahrung, die nur Leser machen, obwohl sie ihnen selbst oftmals gar nicht bewusst wird: *Wer liest, versteht sich auf die Kunst die Zeit anzuhalten.*¶

Das hat etwas mit Einstein und seinen Relativitätstheorien zu tun. Die Zeit vergeht *relativ* langsamer für den, der liest, als für den, der einen Nachmittag mit Shopping zubringt und sich in den Strom überfüllter Innenstädte reißen lässt.

Wer liest, versteht sich auf die Kunst die Zeit anzuhalten.

Wie herrlich ein endlos langer, wunderbar verregneter Sonntagnachmittag ist, kann niemand ermessen, der Lesen für etwas Anstrengendes hält. Denn leider steht Lesen auf der persönlichen Beliebtheitsskala vieler Zeitgenossen etwa so hoch wie eine Zahnwurzelbehandlung oder wie das Ausfüllen einer Steuererklärung.¶

Der wirkliche Leser lebt in einer ganz eigenen Welt, einer Welt der Phantasie, der Ideale, der Utopien, der Abenteuer. Gibt es etwas Schöneres, als ein wirklich dickes Buch zu lesen („Gute Bücher", behauptete mein Großvater, „können gar nicht dick genug sein.") und sich einen ganzen (All-)Tag über darauf zu freuen? Wie mag es wohl weitergehen, fragt man sich gespannt und sieht sich am Abend aufs angenehmste getäuscht, weil doch alles anders kommt, als erwartet ...❡

Leser, echte Leser, sind eine ganz besondere Sorte von Leuten. Sie leben anders als andere, glücklicher *per definitionem* und zufriedener, denn der sichere Abstand, den sie zu dem manchmal chaotischen Geschehen haben, vermittelt ihnen nicht selten die Erkenntnis, dass sie es mit ihrem eigenen Leben doch ganz gut getroffen haben. Leser vergleichen das, was da vor sich geht, stets mit ihren eigenen Erfahrungen, auch wenn es „nur" ein Unterhaltungsroman ist, der sie gerade beschäftigt. Und sie ziehen ihre Schlüsse daraus.❡

„Aus jedem Buch", lehrte mein Großvater, „lässt sich etwas lernen, aus absolut jedem – selbst noch aus einem Telefonbuch, und wenn es die Erkenntnis ist, dass, wer Müller oder Meier heißt, seine Kinder nicht gerade Hans oder Dieter nennen sollte."❡

Leser schlafen besser und sie werden – nachgewiesenermaßen – auch älter. Kein Wunder! Denn sie haben zu Hause Berge von Büchern, die sie noch lesen möchten. Und dann ist da ja noch immer Prousts *Auf der Suche nach der verlorenen Zeit,* das jeder gern gelesen *hätte,* aber niemand, den ich kenne, je gelesen *hat,* zumindest nicht vollständig – außer meinem Großvater natürlich. „Manche Bücher", sagte er, „sollte man nicht zu früh in seinem Leben lesen. Für einige ist man erst mit achtzig reif genug ..."❡

Mein Großvater ist immerhin einhundertundzwei Jahre alt geworden, wobei ich betonen möchte, dass er bis zum letzten Tag ebenso logisch und pointiert zu argumentieren verstand wie fünfzig Jahre zuvor. Wenn das nicht Beweis genug ist ...❡

Nur sein Kurzzeitgedächtnis habe ein wenig gelitten, gab er zu, aber das sei im Grunde ein Glück, denn dieser Umstand erlaube ihm, das politische Tagesgeschehen alsbald zu vergessen. Man könne es ohnehin vergessen, so wie vieles andere auch, was hierzulande, heutzutage gang und gäbe sei. Da rein und dort wieder raus sei eine nicht allzu schlechte Methode, um mit dem ganzen Informationsmüll, den das Infotainment zu bieten habe, fertig zu werden: Einfach die Ohren auf Durchzug schalten. Die wirklich weltbewegenden Nachrichten schmuggeln sämtliche Medien, wenn überhaupt, nur noch in Nebensätzen durchs Programm ... ❦

Mein Großvater las übrigens immerzu. Er las – ebenso wie meine Großmutter – die ZEIT und den SPIEGEL von A-Z, und zwar vor Erscheinen der neuen Ausgabe. Seither habe ich nie mehr jemanden getroffen, dem das auch nur annähernd gelungen wäre. Mein Großvater las, wenn er am Fahrkartenschalter Schlange stehen musste, er las selbst noch, wenn er in Hamburg oder in London oder in Moskau auf einer dieser endlosen U-Bahn-Rolltreppen stand. Er las, wenn er zwischen zwei Patienten eine Minute Zeit hatte und wenn er sich auf das alte Biedermeiersofa gesetzt hatte und wir noch dabei waren, den Teetisch zu decken. Er las, wenn sich das Mittagessen ein wenig verzögerte, weil meine Großmutter nicht „zu Potte" gekommen war und über ihren Wasserfarben vergessen hatte, die Kartoffeln aufzusetzen. Und er las auch, wenn er an den Sonntagmorgen darauf wartete, dass meine Großmutter ihre weizenblonde Haarflut unter einem riesigen Florentinerhut festgesteckt hatte, was sich nicht ohne eine Vielzahl von Haarnadeln bewerkstelligen ließ. Etwa einhundert Stück hat sie gebraucht, bis sie denn endlich fertig war – aber mein Großvater wurde niemals ungeduldig, *denn mit einem Reclamheftchen in der Tasche oder einer wirklich guten Zeitung, behauptete er, könne einen nichts mehr anfechten.* Zu den guten Zeitungen zählte er die *FAZ* und die *Woche*, die *Süddeutsche* und die *Neue Zürcher Zeitung*, obwohl zwischen den letzten beiden ja wohl nicht nur der Bodensee, sondern eine ganze Welt liegt.❡

Man sei im Gegenteil dankbar für jede Minute, die einem zum Lesen bleibe und die einem dabei helfe, sich über die Alltagsdinge „hinwegzudenken", wie er es nannte.❡

Reclamheftchen, sagte er, seien in dieser Hinsicht besonders praktisch, denn sie sind schmal und handlich und passen hervorragend in die Taschen handelsüblicher Herrenoberhemden, die in unserem Hause denn auch folgerichtig „Reclamtaschen" hießen.❡

Irgendwann begann mein Großvater, in seiner Praxis die damals noch sandfarbenen Büchlein zu verschenken, so, wie andere Ärzte Pröbchen von irgendwelchen neuartigen Salben und Tinkturen zu vergeben hatten. Und das hatte die eigenartigsten Folgen.❡

Nach einem Jahr konnte mein Großvater sich nämlich kaum noch retten vor Patienten, es kamen inzwischen sogar welche aus Bremerhaven ins Dorf, sehr zur Freude der ortsansässigen Gastronomie übrigens und unseres überaus geschäftstüchtigen Herrn „Avtekers", der sich flugs zu seinen Pillen und Salben noch eine Auswahl Klassiker hinzubestellte. Einige davon soll er sogar selbst gelesen haben.❡

Und es hieß auch, dass er, seit er sein Sortiment um Bücher erweitert habe, viel umgänglicher geworden sei, und dass er jetzt zuweilen sogar etwas *verschenke*, wo doch Freigebigkeit bisher nicht gerade zu seinen hevorstechendsten Eigenschaften gehört habe. Mein Großvater wusste um die Gründe für diesen seltsamen Sinneswandel: Irgendwann hatte er unseren Avteker Johannsen mit Dickens' *Weihnachtslied in Prosa* angetroffen. „Manchmal wird eben ein Buch", sagte er, „zum Werkzeug göttlicher Vorsehung."

Für seine Patienten nahm er sich stets eine Menge Zeit. Das allein war damals, Mitte der Sechziger, schon unerhört. (Meinem Großvater ist es, nebenbei bemerkt, überhaupt nie ums Geld gegangen. „Ein paar Nullen mehr oder weniger auf dem Konto haben noch niemanden reicher gemacht – und auch nicht glücklicher. Man muss das Geld verachten", fügte er hinzu, „dann läuft es einem nach …")

Ein paar Nullen mehr oder weniger auf dem Konto haben noch niemanden reicher gemacht – und auch nicht glücklicher.

Er wollte wirklich wissen, wo's denn fehlte, er hörte geduldig zu und vor allem genau hin und vernahm auch das, was zwischen den Zeilen gesagt wurde. Und durch geschickte, sanfte Fragen hatte er bald heraus, wo das Problem eigentlich lag.

Über seinem Schreibtisch befanden sich, in einem speziell dafür gebauten Regal, seine Reclamheftchen, aus denen er ganz nach Bedarf das eine oder andere zog. So konnte es geschehen, dass er chronische Kopfschmerzen mit Fontanes *Stechlin* therapierte und nervöse Magenbeschwerden mit Stifters *Nachsommer*. Bei Verstopfung empfahl er J. R. Becher und andere leicht abführend wirkende Autoren, die erfahrungsgemäß wieder so richtig Schwung in die Sache brachten, in die Darmperistaltik, meine ich. Bei Weltschmerz schrieb er Kästners *Lyrische Hausapotheke* mit auf den Rezeptblock und legte noch ein Pröbchen Lichtenberg dazu, das wirke immer, behauptete er. Bei Liebeskummer waren es Brechtgedichte, die er verordnete, weil sie zu einer sanften Desillusionierung in Sachen Liebe führten und zu einer weichen Landung auf dem ansonsten recht harten Boden der Tatsachen.¶

Die Krankheiten, denen sich mit Büchern allein nicht beikommen ließ, therapierte er natürlich mit Medikamenten, doch er schrieb immer mindestens ein Buch mit aufs Rezept. Manchmal war es ein Sachbuch, manchmal ein Ratgeber, aber meist empfahl er etwas Literarisches, etwas, das den Gedanken seines Patienten eine überraschend neue Richtung gab. Als Prophylaxe gegen jede Art von geistigen und körperlichen Zipperlein empfahl er übrigens einem jeden seiner Patienten die Einnahme von Vitamin B und C sowie von hohen Dosen Wilhelm Busch. Damit seien ein Menge Krankheitsrisiken ausgeschaltet. „Denn wer nichts zu lachen hat im Leben", behauptete er, „ist nicht nur arm dran, er wird auch schneller krank."¶

Wer nichts zu lachen hat im Leben, ist nicht nur arm dran, er wird auch schneller krank.

Mit seinen fast schon bahnbrechend neuen Theorien war mein Großvater seiner Zeit weit voraus. Erst in den Neunzigern kam die Immunforschung zu ähnlichen Ergebnissen: Wer glücklich ist, wird nicht so leicht krank, denn die körpereigenen Glückshormone schützen vor freien Radikalen und anderen Substanzen, die uns immerzu ans Leder wollen.¶

Inzwischen bringen sämtliche Medien mehr oder weniger hirnrissige Tipps, wie man die Produktion von Endorphinen anregt ... Mit Ethik haben all diese Vorschläge natürlich nichts mehr zu tun. Eigentlich brauche man nur, behauptete mein Großvater, *moralisch korrekt* zu leben, d. h. in Übereinstimmung mit unserem natürlichen Gefühl für das, *was sich gehört*, für das, was unrecht ist und was nicht.❡

Und Bücher helfen uns dabei, die Orientierung nicht zu verlieren – sie sind so etwas wie Navigationshilfen, die es uns ermöglichen, sicher durch die Untiefen des Alltags zu steuern. Wer Bücher liest, Bücher, die älter sind als zwanzig Jahre vor allem, kann gar nicht vergessen, was man uns heute ganz gerne vergessen lassen möchte, nämlich das, was einmal gedacht und gefühlt worden ist. Denn daneben sieht das, was man heute fühlt und denkt, ziemlich alt aus. Das mag daran liegen, dass weder Fühlen noch Denken wirklich *in* sind – zumindest nicht offiziell.❡

Meines Großvaters „Bibliotherapien", wie er sie nannte, machten ihn berühmt. Sie schlugen fast immer an und nach einem halben oder drei viertel Jahr erhielt er oftmals begeisterte Zuschriften von Patienten, denen rein gar nichts mehr fehlte, weil sie ein paar Stunden in der Woche in ihrer Lieblingsbuchhandlung oder auch in der Bibliothek zubrachten. Schon der Duft, schrieb eine ehemalige Patientin meinem Großvater, schon der Duft wirke auf ihr Asthma mehr als sämtliche Heilbäder, in die sie gereist sei. *Warum, fragte sie sich, habe sie nur fünfzig Jahre gebraucht, um zu erkennen, dass das Glück zwischen zwei Buchdeckeln liege?* Mit fünfzig Jahren, schrieb mein Großvater zurück, liege sie eigentlich noch ganz gut in der Zeit, denn manche bräuchten noch länger, um zu dieser Erkenntnis zu gelangen – so sie denn überhaupt jemals der Gedanke streife, dass es noch ein Leben jenseits der *shopping malls* und *factory outlets* dieser Welt gebe … ❡

Über die Kunst und *das Vergnügen*
anständig zu leben: Es macht nämlich *glücklich*,
gut zu sein, während es anstrengend ist,
jahre- und jahrzehntelang gegen die eigenen
Gefühle anzuleben …

Dass mein Großvater Wilhelm Busch besonders liebte, habe ich Ihnen, glaube ich, schon erzählt. In seinem gelben Ölzeug, das er mitnahm, wenn er zu Hausbesuchen über Land fuhr, hatte er stets eine Ausgabe der *Kritik des Herzens*, in der er immer dann las, wenn er ein wenig Zeit fand. Wilhelm Busch, behauptete er, sei mehr als nur *Max und Moritz, Plisch und Plum* und *Fips der Affe*. Busch sei eine Welt für sich. Er sei nicht nur ein großartiger Maler und Zeichner gewesen, sondern eben auch ein Philosoph, was niemandem verborgen bleiben könne, der zum Beispiel seine *Zwiegespräche über den platonischen Zaun* lese oder seine erstaunlichen Aphorismen. Da finden sich Sätze von zauberhafter Banalität, deren tieferer Sinn einem meist erst viel später aufgeht. ¶

Mein Großvater und sein alter Freund und Kupferstecher Jan-Willem van Köping hatten für jede Lebenssituation das passende Busch-Zitat parat. Es gäbe kaum ein Thema, zu dem der große alte Wiedensahler nicht Abschließendes gesagt habe, war ihre Begründung, wenn man sie daraufhin befragte. Über Himmel und Hölle und Gott und die Welt könne man da nachlesen, über das Leben und die Liebe, die Tücken des Alltags und die Vergeblichkeit aller Philosophie. ¶

Meine Großmutter hat über viele Jahre hinweg die Lieblingszitate ihres Mannes auf Stramin gestickt und zu Kissen verarbeitet. Jedes Jahr bekamen ihr Krischan und der alte

Jan-Willem eines davon zu Weihnachten, das war Tradition. Und als ich von zu Hause fortging, kam – wo immer ich auch war, selbst noch im australischen Busch – pünktlich zum Fest ein Paket, in das meine Großmutter unter vielem anderen eines dieser Kissen gepackt hatte. Der Text darauf stellte für mich stets so etwas wie eine Jahreslosung dar. *„Manche Wahrheiten sollen nicht gesagt werden, manche brauchen nicht, manche müssen es"*, stand da zum Beispiel eines Tages, als ich wieder einmal besonders unglücklich verliebt war, und tatsächlich lag in diesem indirekt vorgebrachten Rat die Lösung all meiner Probleme, die ich damals hatte. Ich nahm ihn mir zu Herzen und befolgte ihn und säße sicher heute nicht hier, wenn ich es *nicht* getan hätte. Wer kann da eigentlich noch behaupten, dass Literatur keine lebensverändernde Wirkung haben kann?❡

Das brachte meinen Großvater denn eines Tages auch auf die Idee mit den Lesezeichen. Er ließ eine Reihe von Zitaten und Maximen auf Buchzeichen drucken, die er ebenso freigebig wie seine Taschentücher und -bücher an Patienten verteilte.❡

„Bemüh dich nur und sei hübsch froh / Der Ärger kommt schon sowieso", konnte auf dem einen zu lesen sein, auf dem nächsten hingegen Hölderlins wunderbarer Trost:

„In der Mitternacht dieser Nacht ist das Dürftige der Zeit am größten, wo aber Gefahr ist, wächst das Rettende auch." Wie vielen Menschen hat er damit Mut gemacht! Manchmal ist ein einziger guter Satz so etwas wie ein Rettungsanker, der uns vor dem Untergang bewahrt, und oft ist ein solcher Satz das beste Geschenk, das man einem Menschen machen kann. Und selbst wenn er nicht ganz genau passen

„In der Mitternacht dieser Nacht ist das Dürftige der Zeit am größten, wo aber Gefahr ist, wächst das Rettende auch."

HÖLDERLIN

sollte, weil wir nie wirklich wissen können, was den anderen bewegt, so ist es doch gut, ihn damit zu beschenken. Denn sein Kopf und sein Herz im Verein werden ihn schon so zu deuten wissen, wie er gerade gebraucht wird …

„Nimm eine Postkarte", riet mein Großvater, „und schreibe darauf, was immer dir selbst gerade im Kopf herumgeht, ein schönes Zitat, eine Passage aus einem Roman, ein Gedankensplitter, und schicke es an einen Freund. Er wird sich möglicherweise etwas ganz anderes dabei denken als du selbst. Aber darauf kommt es überhaupt nicht an. Wichtig ist allein, dass du an ihn gedacht hast. Mit einer Briefmarke für zwanzig oder dreißig Pfennig (das waren noch Zeiten, als mein Großvater das sagte, da kostete eine Postkarte *wirklich* nicht mehr als dreißig Pfennig Porto), mit einer einzigen Briefmarke kannst du vielleicht ein Leben verändern ebenso wie mit einem Reclamheft für eine Mark." Heute ist auch Reclam ein bisschen teurer geworden, doch habe ich immer gefunden, dass im Zweifelsfalle eines dieser handlichen Bücher mehr zu leisten imstande ist als ein Bestseller für neunundvierzig achtzig.

„Ein guter Satz kann Berge versetzen", das behauptete auch Jan-Willem van Köping.

Er musste es wissen, er war nämlich ein professioneller Bücherwurm, ein Bibliomane der seltensten Art, wie ich weder vorher noch nachher jemals einen getroffen habe. Nun hatte mein Onkel Jan-Willem das Glück, nicht arbeiten zu müssen: Er war der Erbe der van Köping'schen Kakaofabriken („Mach mal blau mit van Köpings Kakao!") und allein das machte ihn bei uns Kindern sehr beliebt, denn er hatte die Taschen stets voller Schokolade, die er freigebig verteilte. „Ein Onkel, der Gutes mitbringt, ist besser als eine Tante, die bloß Klavier spielt", zitierte er gern. Auch das ist natürlich von Busch, wen sollte es wundern.

Der alte Jan-Willem van Köping war übrigens auch einmal ein junger Jan-Willem gewesen und aus der Zeit hatte er die spannendsten Geschichten zu erzählen. Er war mit meinem Großvater zur See gefahren und hatte Anfang der Fünfziger sein ganz privates Hobby zum Beruf gemacht: Er gründete die van Köping'sche Buch- und Kunsthandlung zu Wilhelmshaven, der er als *spiritus rector* auch vorstand. Er war einer dieser Leute, die man sich nie mit Schlips vorstellen kann, weil er stets nur eine sorgfältig gebundene Fliege trug – wie mein Großvater übrigens auch.

Die beiden hatten eine so tropische Phantasie, dass sie sich beim Spinnen ihres Seemannsgarns gegenseitig überboten und beide waren hoch beleidigt, wenn jemand den Wahrheitsgehalt ihrer Geschichten bezweifelte. Sie behaupteten steif und fest, all diese Dinge wirklich und wahrhaftig selbst erlebt zu haben, das sei sicher wie das Amen in der Kirche.

Damals, müssen Sie wissen, *war* das Amen in der Kirche noch sicher, ziemlich zumindest, bevor es *uncool* wurde, sonntags hinzugehen, und bevor die Psychoindustrie unser Bedürfnis nach Transzendenz auffing.

Solidarität und Anständigkeit, all das ist nach und nach in der Versenkung verschwunden.

Denn all das, was ein paar Tausende von Jahren gültig war, nennen Sie es *Solidarität*, nennen Sie es *Common sense*, nennen Sie es *Anständigkeit*, all das ist nach und nach in der Versenkung verschwunden wie die zehn kleinen Negerlein.

Und eh man sich's versah, waren sie alle weg. Manch einer, der sein Leben mit Fernsehen verbringt, hat bis heute noch nicht gemerkt, was da läuft. Aber auch das ist Absicht.¶

Wer jedoch Agatha Christies *Zehn kleine Negerlein* kennt, ahnt, dass *Common sense*, Anständigkeit und Nächstenliebe keinesfalls eines natürlichen Todes gestorben sind, sondern kaltblütig und hinterrücks umgebracht wurden.¶

Jan-Willem van Köping und Krischan Brahm wussten das schon seit Mitte der Achtziger, als noch kaum jemand Verdacht schöpfte. Sie hatten einen wissenschaftlich verifizierbaren, völlig eindeutigen Beweis, dass die Herren unserer „Schönen Neuen Welt" gerade dabei waren, *sämtliche Formen sozialer Intelligenz* mit einer Reihe von langsam wirkenden Giften um die Ecke zu bringen. Eigentlich haben sie es mehr per Zufall herausgefunden. Und das kam so:¶

Eines Tages brachte mein Onkel Jan-Willem einen Fragebogen an, in dem kein Geringerer als Wilhelm Busch Rede und Antwort auf eine Reihe von mehr oder weniger diskreten Fragen stand. Er war ganz aufgeregt deswegen, weil niemand von der Existenz dieses Fragebogens etwas wusste – er hatte ihn ganz zufällig in einer alten Zeitung gefunden, die als Verpackungsmaterial in einer Kiste mit antiquarischen Büchern in seinen Besitz gelangt war.¶

Nun hatte diese Entdeckung die merkwürdigsten Folgen. Jan-Willem und Krischan legten plötzlich *jedem* im Alter zwischen vierzehn und hundertundvier ganz ähnliche Fragebögen vor und diskutierten in der Abgeschiedenheit des großväterlichen Arbeitszimmers stundenlang über die Ergebnisse. Auch der Fragebogen auf S. 99 ff. geht auf einen Entwurf der beiden zurück. Die Fragen wurden immer subtiler, immer ausgeklügelter und sie näherten sich dem, was man Zeitgeist nennt: Sie erkundigten sich nach der ganz persönlichen Definition von *Toleranz* zum Beispiel und von *Rücksicht*, von *Solidarität* und *Engagement*, von *Höflichkeit* und *Glück* und *Liebe* und *Freundschaft*, kurz: Jan-Willem und Krischan fragten ihre Zeitgenossen nach allem aus, was über den Tellerrand des Alltäglichen hinausging. Über die Jahre hinweg spiegeln diese Fragebogenaktionen das getreue Abbild eines Wertewandels wider, gegen den, drücken wir es mal vorsichtig aus, die chinesische Kulturrevolution wie ein Spaziergang erscheint.¶

Ich erinnere mich noch an einen Abend – es war irgendwann Mitte der Achtziger –, da traf ich meinen Großvater und den alten Jan-Willem van Köping in der finstersten aller Stimmungen an. Ich war auf ein paar Tage Heimaturlaub zu Hause und ließ es mir nicht nehmen, den beiden, so, wie ich es als Kind immer getan hatte, ihren Grog ins Studierzimmer zu bringen. Dort traf man sie stets in einer Wolke von wunderbar duftendem Tabaksqualm an, entweder angeregt plaudernd oder aber in einvernehmlichem Schweigen über ihre Schachbretter gebeugt.¶

Doch nicht so an diesem Abend. Wie erstaunt war ich, als ich die beiden tief versunken in Großvaters alten Chesterfieldsesseln vorfand. Das allein wäre noch nicht so bedenklich gewesen, hätte nicht etwas ganz Wesentliches gefehlt: der Qualm nämlich. Der köstliche, unverwechselbare Duft von Großvaters javanischem *St. Jonathan's Extra* fehlte an diesem Abend. Das bedeutete, dass die beiden ihre Pfeifen hatten ausgehen lassen, und dies ließ nichts Gutes ahnen.¶

Irgendetwas war ganz und gar nicht in Ordnung und ich sollte nur allzu bald erfahren, dass ich mit dieser Vermutung sehr recht hatte. Was sei denn nur geschehen, fragte ich leise, nachdem ich ein paar von Großvaters Schiffslam-

pen angezündet hatte, die den Raum in ein sanftes Licht tauchten. Ein wenig ähnelte er einer Kapitänsmesse, mit all den messingbeschlagenen Mahagonimöbeln, den Büchern und Seekarten ringsherum. Man bedeutete mir, ich solle doch selbst einmal nachschauen unter dem alten Deckprisma, das auf Großvaters Schreibtisch lag und das er als Briefbeschwerer benutzte. Was ich dort fand, war – das Ergebnis der letzten Fragebogenaktion. Diesmal hatten die beiden ein renommiertes Meinungsforschungsinstitut mit der Recherche beauftragt und das Resultat war absolut vernichtend.¶

Langsam und sehr zögerlich rückten die beiden mit den Details heraus, als die ersten Wiederbelebungsmaßnahmen mit einer Extraration Rum ihre Wirkung taten.¶

Es war ihnen diesmal um den Begriff *Anständigkeit* gegangen, und was dieses Meinungsforschungsinstitut herausgebracht hatte, übertraf nun wirklich die schlimmsten Befürchtungen: 80 % (achtzig Prozent!!) der Befragten dachten in diesem Zusammenhang nur noch an „anständig verdienen" und „anständig essen" und ab und zu „anständig einen draufmachen".¶

Nur ein verschwindend geringer Prozentsatz habe Anständigkeit als moralisch richtiges Handeln definiert, als etwas, das im weitesten Sinne mit Kants Kategorischem Imperativ zu tun hat: *Handle so, dass die Maxime deines Willens jederzeit zugleich als Prinzip einer allgemeinen Gesetzgebung gelten könne.*¶

Die überwältigende Mehrheit der Befragten hatte weder von Kant noch von diesem Imperativ je etwas gehört. Es soll sogar die Gegenfrage gegeben haben, ob Kant nicht „so eine neue Käsesorte" sei. Und unter Imperativ haben einige unserer Zeitgenossen offensichtlich noch weitaus peinlichere (!) Dinge verstanden. Doch ich will hier nicht weiter darauf eingehen, obwohl es da so manches zu sagen gäbe.

Es wird wohl auch so verständlich, warum Krischan Brahm und Jan-Willem van Köping an jenem Abend die Pfeifen ausgegangen sind. Ihnen ist nämlich schlagartig klar geworden, dass eine Gesellschaft ohne diesen moralischen Minimalkonsens nicht allzu viel Zukunft haben kann. 69 % der Befragten konnten den Satz: „Was du nicht willst, dass man dir tu ..." nicht mehr ergänzen mit: „das füg auch keinem andren zu ...", was die Vermutung nahe legt, dass selbst die schlichte, volkstümliche Variante des Kategorischen Imperativs offensichtlich für alle Zeiten verloren gegangen ist. ❡

Was du nicht willst, dass man dir tu, das füg auch keinem andren zu.

Wen wundert's also, dass die beiden unerschütterlichen Weltverbesserer an jenem Abend Trübsal bliesen. Ihnen wäre es wahrscheinlich genauso gegangen. Denn mit einem so heftigen Schlag ins Kontor hatte keiner von beiden gerechnet. Zwar beobachteten sie damals schon längere Zeit ein Phänomen, das sie die „Neue Rücksichtslosigkeit" nannten und das sich überall, selbst im Straßenverkehr, bemerkbar machte. ❡

Seit Ende der Sechziger hat sich eine mit Gleichgültigkeit gepaarte Aggressionsbereitschaft in den täglichen Umgang geschlichen, die jeden anständigen Menschen das kalte Grausen lehrt. Zuerst ging der freundliche Umgangston verloren – Jan-Willem van Köping nannte das den „Verlust der Gemütlichkeit": Man rief die Coolness als neues Ideal aus, da man genau wusste, dass Menschen, die nicht mehr miteinander reden, zu Missverständnissen neigen, und Missverständnisse sind natürlich immer gut. Sie führen nämlich zu Konflikten und daran lässt sich stets trefflich verdienen.⁋

Denn natürlich kommt das alles nicht von ungefähr. Diesen Erdrutsch im jahrtausendealten Gefüge unserer Werte haben die eingangs genannten „Fun-damentalisten" zuwege gebracht, und das ist nun wirklich eine reife Leistung, auf die sie stolz sein können. „Ich hoffe, dass sie dafür eines Tages in der Hölle schmoren", war Sophie-Louises Kommentar dazu.⁋

Da kommen sie übrigens auch her: Das griechische Wort für Teufel, *diabolos*, bedeutet wörtlich übersetzt: der *Durcheinanderwerfer*. Ob Sie nun an Gott glauben oder nicht, sicher ist jedenfalls, dass es das Gute gibt und immer gegeben hat und auch immer geben wird. Aber genauso gibt es das Böse und zur Zeit hat es wieder einmal die Oberhand – das Dumme daran ist nur, dass es diesmal nicht so offensichtlich ist. Sie lernen eben auch dazu, die Teufel. Wie drückte es seinerzeit Ludwig Marcuse aus? „Warum in die Ferne schweifen? Sieh, das *Böse* liegt so nah …"⁋

Man versucht, alles zu zerstören, was die Menschheit in ihrer langen Geschichte an Kulturleistung erbracht hat, und Kultur hat immer etwas mit dem Verzicht auf primitive Instinkte zu tun: Sie kann nur entstehen, wenn sich einer allein oder mehrere Menschen gemeinsam *anstrengen*, um etwas zu erreichen, etwas, das gut ist und redlich und gemeinnützig.⁋

Ist es nicht seltsam, dass die Begriffe des *Common sense* in der schottischen oder des *sens commun* in der französischen Philosophie, die vernünftiges, anständiges und gleichzeitig sozialverträgliches Handeln meinen (um einen modernen und eigentlich ganz brauchbaren Begriff zu verwenden), dass diese Begriffe im Deutschen stets mit *gesunder Menschenverstand* übersetzt werden?

Aber genau das ist es: Wer sozial handelt, handelt gut und vernünftig. *Nur* wer sozial handelt, ist – im ethischen Sinne – gut.

Über die Kunst und das Vergnügen sich das Leben ein bisschen schwer zu machen, und über das, was mein Großvater als das „Zahnradbahn-Phänomen" bezeichnete

Der Egoist ist zu echter Leistung nicht fähig, er hat noch nie Bleibendes schaffen können, weil er immer dann aufhört, wenn es beginnt wehzutun: Er weiß nicht, dass Mutter Natur damals diesen *Bonbontrick* (siehe auch S. 150) erfunden hat, um uns von den Bäumen herunterzuholen. Sie beglückt uns mit Endorphinen, um uns dann, wenn es wirklich schwierig wird, dazu zu bringen, alles andere um uns herum zu vergessen, auch den Schmerz und die Kälte und alle Widerstände, die sich uns entgegenstemmen mögen.

Kultur, echte Kultur, können nur Menschen, die guten Willens sind, schaffen, denn für alle wirklich großen Leistungen ist mehr nötig als nur eine gute Idee: Begeisterung nämlich und Durchhaltevermögen und Idealismus. Und all das können nur Menschen aufbringen, die von dem Sinn dessen, was sie tun, zutiefst überzeugt sind.

Die Egoisten aber ahnen nicht einmal, dass die Sache mit den Endorphinen die Gültigkeit eines Naturgesetzes hat, das – ebenso wenig wie die Schwerkraft – eine Ausnahme duldet. *Glücksgefühle gibt es einzig und allein als Belohnung für Selbstüberwindung.* Das ist sozusagen die Währung, mit der die Natur uns bezahlt. Es ist ihr Entgelt für emotionale, geistige und körperliche Höchstleistungen.❡

Natürlich ist es ganz angenehm, mit einem Glas Tequila in der Hand an einem Swimming Pool herumzulungern, ein bisschen zu schwimmen, ein bisschen zu flirten und auf den Startschuss zum abendlichen Kalten Buffet zu warten, aber welcher vernünftige Mensch hält so etwas länger als zwei, drei Wochen aus? Das mag alles ganz gut und schön sein, wenn man dem Alltagsstress für eine Weile entfliehen will, dann lässt sich das Ganze auch genießen. Aber können Sie sich vorstellen, wochen-, monate-, jahrelang ohne eine wirklich sinnvolle Beschäftigung zu leben? Sicher nicht. Nach spätestens sechs Wochen hätten Sie die Nase gestrichen voll von all diesen Vergnügungen, und gegrillte Tintenfische in Knoblauchsauce könnten Sie wahrscheinlich auch nicht mehr sehen.❡

Glücksgefühle gibt es einzig und allein als Belohnung für Selbstüberwindung.

Denn wir sind nicht für solche Genüsse geschaffen. Die Erde ist noch nie – außer für ein paar wenige vielleicht – ein Paradies gewesen und das weiß die Natur auch. Deswegen hat sie sich ja diesen Bonbontrick ausgedacht: Für Müßiggang gibt sie keine Belohnung – in Form von Endorphinen – aus. Sie sponsert mit ihren Pralinés nur Selbstüberwindung, und das ist auch ganz gut so, denn sonst wäre die Menschheit vielleicht schon ausgestorben. Fürs Dolce Farniente gibt's jedenfalls nichts oder höchstens ein paar klebrige Klömpkes vom Typ „Kölner Karneval" („Der Zoch kött"), die schon so einige Plomben auf dem Gewissen haben ... In Kölle jedenfalls freuen sich die Zahnärzte immer auf den Aschermittwoch, da kriegen sie einiges zu tun. Denn wer Pech hat, der ruiniert sich mit den ollen Kamellen nachhaltig die Beißerchen.❡

Aber da wir schon von Zähnen sprechen: Mein Großvater hatte da noch so eine Theorie, die – ähnlich wie seine Bollchen-These (hochdeutsch: Bollchen = Bonbons) – das, was Glück eigentlich ausmacht, zu erklären versucht. Er nannte sie das „Zahnrad- oder Seilbahn-Phänomen".

Natürlich, behauptete er, könne man sich das Leben immer einfach machen und eine Seil- oder Zahnradbahn nehmen, um auf den einen oder anderen höher gelegenen Aussichtspunkt zu gelangen. Das ist zweifellos die bequemste Lösung: Man berappt ein paar Mark oder Schillinge oder Franken und schon ist man da, wo man hin wollte, trinkt einen Café au lait da oben, schießt ein paar Erinnerungsfotos vor großartiger Kulisse und läuft ganz gemächlich wieder talwärts, so man es nicht vorzieht, auch für den Rückweg wieder in die Zahnradbahn zu steigen. So weit, so gut.

Nun kann man aber auch zu Fuß da „hinaufkraxeln" – wie man in Süddeutschland sagt. Besonders für Flachlandbewohner ist das eine völlig abwegige Vorstellung. Das dauert möglicherweise Stunden, die Sonne brennt einem aufs Hirn und doch wird derjenige, der ihn geht, den Weg und das Ziel auf eine Weise genießen können, die dem Zahnradinsassen völlig unbegreiflich ist … Das Hochgefühl, das den Fußgänger am Gipfelkreuz erfassen wird, ist mit dem, was der Zahnradbahnfahrer da oben empfindet, gar nicht zu vergleichen. Er findet die Aussicht vielleicht „ganz nett", aber damit hat sich's dann auch. Endorphine, die Bonbons, die Mutter Natur aus ihrer Schürzentasche holt, gibt's eben nur für Fußgänger.

Wer klug ist, versteht sich auf die Kunst sich das Leben

Wer klug ist, versteht sich auf die Kunst sich das Leben immer ein bisschen schwer zu machen.

immer ein bisschen schwer zu machen, das fand auch meine Großmutter. „Natürlich macht es Arbeit", sagte sie, „ein paar Socken zu stricken, statt sie fertig im Laden zu kaufen. Und möglicherweise kommt man dabei sogar billiger weg. *Aber können gekaufte Socken glücklich machen? Nein? Also bitte!* Aber ein Paar selbst gestrickter Socken eben schon!¶

Bedenkt immer, Kinder, dass der *Weg das Ziel* ist. Und dass es knifflig, aber eben auch sehr spannend ist, ein kompliziertes Norwegermuster zu stricken oder wochenlang an einem Quilt zu nähen. Man kann es kaum erwarten, ihn endlich fertig zu sehen, und wenn er dann fertig *ist,* beginnen echte Kreative flugs einen neuen ... ¶

Das wird dir gern jeder bestätigen, der sich ein Leben ohne diese köstliche, beglückende Neugier gar nicht vorstellen kann. Sie richtet den Geist auf ein Ziel und macht unser Leben spannend. Genau dafür sind unsere Köpfe (und Hände) gemacht. Mutter Natur hat uns dafür *ganz einfach* programmiert." Und genau deswegen macht uns die Sinn- und Zwecklosigkeit unserer „Schönen Neuen Profitorientierten Welt" so zu schaffen: Ziele werden nur noch im geographischen Sinne angeboten, gegen ein entsprechendes Entgelt natürlich – als Fern- und Flugreisen in die entlegensten Weltgegenden ... Das sind die einzigen Ziele, die man uns gelassen hat. Fast alle anderen hat ein mit voller Absicht fehlgeleitetes Schulsystem in den letzten Jahren in der Versenkung verschwinden lassen. Natürlich nicht offiziell – offiziell gilt Kreativität als erwünscht, man kann ja auch schlecht etwas dagegen sagen, oder? Doch man bemüht sich, das Ganze auf der oberflächlichen Ebene von Spontaneität zu halten ... Der Spontane ist kreativ, solange es Spaß macht, hört aber auf, sobald es beginnt wehzutun – weil ihm etwas ganz Wesentliches fehlt: Durchhaltever-

mögen nämlich. Und weil er allzu schnell mit dem zufrieden ist, was er da getan hat. Pseudokünstler, davon war meine Großmutter überzeugt, erkennt man übrigens genau daran – an ihrer Selbstzufriedenheit. „Zur wahren Größe gehört Bescheidenheit", behauptete sie. „Der echte Kreative ist immer ein wenig unzufrieden, weil er findet, dass das Bessere der Feind des Guten ist: Das ist die Triebfeder, die ihn in Bewegung hält." Vielleicht war das auch der Grund, warum sich meine Großmutter mit Lob stets sehr zurückhielt, wenn ihre Enkel auf Besuch waren. Für ein schnell hingehauenes Krikelkrakel auf Papier, das angeblich einen Elefanten darstellen sollte, hat Sophie-Louise nie etwas übrig gehabt. Sie sagte – zum Entsetzen ihrer Schwiegertöchter – *nichts*. Sie hatte ihre eigenen Methoden, ihre Enkel dazu zu bringen, sich wirklich Mühe zu geben ...❡

„Wer klug ist, weiß, dass ‚das Glück mit Schweiß und einem Muskelkater ziemlich billig erkauft ist', hat Tolstoi gesagt und der musste es nun wirklich wissen", erklärte sie. „Als Adliger im zaristischen Russland hätte er ein privilegiertes Leben führen können. *Hat er aber nicht.* Er verschenkte, was er besaß, und schrieb sich unsterblich. Das ist eben Kultur. Das ist europäisches Denken in Vollendung."❡

Das werden Zahnradbahnfahrer natürlich niemals verstehen können! Nachdenken macht nämlich Mühe, schon Lesen halten sie für anstrengend, und wozu soll man sich eigentlich durch den „Zauberberg" arbeiten, wenn man ihn sich auch auf Video holen kann? Das ist es eben: Der Zauberberg wird nur für den zum Zauberberg, der zu Fuß geht. „Es gibt keine Zahnradbahn zum Glück ... – zum Glück gibt es keine Zahnradbahn."❡

4

Finale:
Über die Kunst
und das
Vergnügen
weniger zu haben
und
mehr zu sein:
Vier Dutzend
Schlüssel
zum Glück

Die Große Robinsonade

Man muss sein
wie eine Lampe,
abgeschirmt gegen
äußere Störungen –
den Wind, Insekten –
und gleichzeitig rein,
durchsichtig und mit
heißer Flamme brennend.

LEO TOLSTOI,
TAGEBÜCHER

Mein Großvater liebte es, den vielen Gästen, die auf den Willemshof kamen, am Abend, wenn die Pharisäer auf dem Tisch standen, eine Reihe von Spielen und Spielereien vorzuschlagen, die oftmals die erstaunlichsten Wirkungen zeitigten. Das war zum Teil vielleicht der genialen Mischung aus Tee, Rum, Zucker und Sahne zu verdanken, möglicherweise aber auch dem Anblick des lustigen Kaminfeuers *op de Deel*, an dem wir saßen und das stets die Phantasie anregte.

Fast immer war der alte Pfarrer Hansen dabei, ein Original, über den die schnurrigsten Geschichten in Umlauf waren. (Allerdings stellte er stets den Wahrheitsgehalt dieser *Vertellsel* vehement in Abrede: „Do is nix von woar", sagte er, das sei alles kompletter Humbug. Kein Wunder, dass die Balken in seinem Kirchlein so krumm seien, klagte er.)

Er war übrigens ein begnadeter Prediger, und wenn er so richtig losdonnerte, blieb kein Auge trocken. Sein Thema Nummer Eins waren halb leere Kirchen.

Ich erinnere mich noch, dass er eines sonnigen Sommersonntags, nachdem die ganze Gemeinde wegen einer Hochzeitsfeier am Samstagabend zu spät zur Kirche gekommen war, eine Vorstellung lieferte, wie sie selbst die ältesten Dorfbewohner selten zu hören bekommen hatten. Er schilderte die Höllenqualen, die die faulen Säcke erwarteten mit fast schon jesuitischem Feuereifer – da war von Heulen und Zähneknirschen die Rede und von ewigen Strafen, so dass man meinen konnte, der alte Tetzel sei wieder auferstanden und wolle uns den Ablass aus der Tasche predigen.

Das ging so lange, bis schließlich in der ersten Reihe die kleinen Mädchen zu flennen anfingen und allenthalben große, blau und grün gewürfelte Taschentücher zu sehen waren. Als das große Schnauben begann, tat dem guten Pfarrer Hansen das Ganze denn doch etwas Leid. Er holte sein eigenes Schnupftuch heraus und tupfte sich die Stirn ab, von der in der Hitze des Gefechts das Wasser nur so herunterlief. Dann prägte er den denkwürdigen Satz: „Nu weynt man nich, Kinners, nu weynt man nich, villichte is et oll jo goar nich woar."❡

Vielleicht sei das alles ja gar nicht wahr – weiß Gott ein Satz, den man sich ebenso wie Großvaters Lichtenberg-Zitat in einer stillen Stunde aufs Kissen sticken sollte … ❡

Und wenn ich's recht überlege, fällt mir erst jetzt, wo ich diese Zeilen schreibe, auf, wie genial allein dieser Satz war: „Nu weynt man nich, Kinners, villichte is et oll goar nich woar." Es ist einer von diesen Sätzen, bei dem einem die Schuppen von den Augen fallen können, wenn man ihnen eine Chance gibt. Denn wer über unser medial vermitteltes Weltbild nachdenkt und über das, was unsere Politiker uns tagtäglich erzählen, dürfte sich ohnehin schon so seine eigenen Gedanken gemacht haben. Wenn man uns zum Beispiel weismachen will, dass ein Krieg kein Krieg mehr ist, sondern eine humanitäre, friedenserhaltende, militärische Gegenmaßnahme darstellt, in denen Tausende von Opfern als „Kollateralverluste" bezeichnet werden, dann sind Zweifel nicht nur berechtigt, sondern geradezu Bürgerpflicht. „Ein Krieg ist ein Krieg und ein Lump ist, wer etwas anderes behauptet", war Jan-Willem van Köpings Kommentar dazu … ❡

Stecken hinter den einhundertneunundvierzig Militäreinsätzen, die die USA seit Ende des letzten großen Krieges geführt haben, wirklich humanitäre Gründe oder waren es handfeste wirtschaftliche Interessen? Die Frage ist natürlich rhetorisch. Jeder weiß inzwischen, wie die Dinge zu-sammenhängen.

Die Geschichte lehrt, dass seit die Menschheit Heilige Kriege erfunden hat, stets *unheilige Motive* der eigentliche Grund dafür gewesen sind. Aber die Geschichte lehrt auch, dass die Geschichte nichts lehrt …

Die Geschichte lehrt, dass die Geschichte nichts lehrt.

Doch zurück zu meinem Großvater und der Robinso-nade, die er sich einstmals ausdachte. Es geht in diesem Gedankenspiel – das hier ausdrücklich zur Nachahmung empfohlen sei – darum, dass die Teilnehmer einer Ge-sprächs- oder Diskussionsrunde entscheiden sollen, wel-che Dinge sie auf eine einsame Insel mitnehmen würden. Spielen Sie dieses hintergründige Spiel mit Ihren Bekann-ten und Freunden und warten Sie *ganz einfach* ab, was passiert. Sie werden sich wundern.

Bedingung ist allerdings: Jeder darf auf seine Insel nur drei Dinge mitnehmen.

Sehen Sie auch noch folgende Varianten vor:

1. Welche Bücher würdet ihr mitnehmen, wenn ihr – sagen wir – zehn Titel einpacken dürftet?

2. Was würde eurer Meinung nach ein Engländer, ein Franzose, ein Schweizer, ein Manager, ein Öko-Freak, ein Playboy, ein Jurist, ein Politiker (hier sind wir leider schon beim Thema) oder wer auch immer auf seine einsame Insel mitnehmen?

Bei der zweiten Variante dieses Spiels geht es erfah-rungsgemäß ziemlich hoch her. Spannend wird es vor allem dann, wenn die Berufsgruppen, die dabei aufs Korn genom-men werden, in der Teilnehmerrunde wirklich vorhanden sind …Was dabei herauskommt, ist mindestens höherer Blödsinn, meist wird jedoch tief geschürft.

Ich erinnere mich noch, dass die Große Robinsonade auch eines Abends gespielt wurde, als wir japanische Gäste zu Besuch auf dem Willemshof hatten. Das nahm mein Großvater natürlich zum Anlass, ihnen das schöne Blatt zu zeigen, dass er 1938 aus Japan mitgebracht hatte: „Ideale sind wie Sterne, man kann sie zwar nicht erreichen, aber man kann sich an ihnen orientieren." Zumindest hatte er viele, viele Jahre lang *geglaubt*, dass das dort stand. Wie verblüfft war er, als man ihm jetzt sehr schonend beibrachte, dass da zu lesen war: „Nicht an laufenden Maschinen putzen". ❡

Ideale sind wie Sterne, man kann sie zwar nicht erreichen, aber man kann sich an ihnen orientieren.

Ich habe meinen Großvater selten so verblüfft gesehen, aber er blieb gelassen und kommentierte das Ereignis mit der Bemerkung: „Wer weiß, vielleicht steckt darin ja auch eine tiefere Weisheit. Wer nämlich nachdenkt, findet in allem und jedem einen tieferen Sinn, vielleicht ist das ein Teil des Glücks. Ist es nicht ein Glück, dass wir gedacht haben, da stünde etwas über Ideale? Was macht es schon aus, wenn sich jetzt herausstellt, dass eigentlich etwas ganz anderes gemeint war? Manchmal ist ein Missverständnis oder ein Versprecher der Anlass dafür, dass man eine Sache erst wirklich versteht. Wisst ihr noch, wie dieser Fatzke von den ***Nachrichten damals immer etwas von *Lifestyle* daherredete und wie Julchen – sie war damals knapp drei – immer *Laufstall* verstand? *Lifestyle* und *Laufstall*, wo ist da der Unterschied? Das ist so ziemlich ein und dasselbe und das kluge Kind hatte das schon im zartesten Alter raus … Wer die Kunst beherrscht, naive oder auch nur scheinbar naive Fragen zu stellen, dem eröffnen sich gelegentlich die verblüffendsten Erkenntnisse." Daraufhin erzählte er uns die alte Geschichte von Kannitverstan.❡

Es ist Johann-Peter Hebels tiefgründige Erzählung von einem jungen Deutschen, der in Amsterdam von Bord geht und bewundernd die prachtvollen Schiffe und Häuser betrachtet. Auf seine wiederholten Fragen hin, wem dieses oder jenes gehöre, antworten ihm die Holländer stets mit „Kannitverstan" und der Junge wundert sich sehr über den scheinbar steinreichen Kannitverstan. Bis er schließlich einem Trauerzug begegnet und sich erkundigt, wer den da gestorben sei: „Kannitverstan", ist wiederum die Antwort und unser junger Deutscher zieht nachdenklich von dannen. Ein kluger Kopf zieht eben immer die Schlüsse, die ihm die Stimme seines Herzens souffliert – ganz unabhängig davon, was eigentlich gemeint ist. Man dürfe es nur nicht verlernen, auf diese Stimme zu hören …❡

„Nicht an laufenden Maschinen putzen", fügte mein Großvater noch hinzu, „ist bei Licht besehen gar nicht so ohne. Es hat was. Vielleicht will es uns ja sagen, dass es nichts nützt, ja, dass es möglicherweise sogar gefährlich ist, eine Entwicklung, die über uns hinwegrollt, mit kosmetischen Mitteln zu manipulieren. Besser ist es zuzusehen, wie sich das Ganze abstellen lässt. Denn alle Räder stehen still, wenn dein starker Arm es will, so etwas in der Art. Man muss es eben nur wollen. Und man muss die Augen aufmachen und schauen, wo die Notbremse ist oder der Zentralschalter."❡

Vier Dutzend Schlüssel zum Glück

Solche Dinge kamen dabei heraus, wenn der alte Jens-Christian Brahm seine Spielchen mit uns spielte. Im Nu liefen alle Teilnehmer seiner Diskussionsrunden zur Höchstform auf, bevor man spät in der Nacht zu Bett ging.

Es kam nicht selten vor, dass wir erst um drei oder vier Uhr in der Früh auf diesen Gedanken verfielen, vor allem dann, wenn Großvaters ältester Freund, Jan-Willem van Köping, dabei war. Dann servierte Sophie-Louise morgens um halb fünf ein vorgezogenes Frühstück mit Spiegeleiern und Speck, duftigen Pannekoeken und frisch gebackenen Kipferln. Auch Pumpernickel buk sie, allerdings ungern – in ihrer österreichischen Seele sträubte sich alles gegen „dat schwatte Tüch". Sie liebte es, mit Hefe zu hantieren und mit Sauerteig und zuzusehen, wie alles aufging. Eine Spur Hefe oder ein Löffelchen Sauerteig wirkten gewaltig – ein ganzes Kilo Roggenmehl bringe dieser Löffel Teig auf Trab, ein Gedanke, der sie stets Hoffnung fassen ließ, wenn sie über Politik nachdachte. Eigentlich brauche es nämlich nicht viel, um die da oben ein wenig aufzumischen, behauptete sie. Und aufmischen tut Not – zumindest ab und an.

„Denn sonst vergessen ‚die da oben' vielleicht, dass es uns auch noch gibt."

Seelenruhe, sagte sie, sei schon eine feine Sache, das habe Epikur damals schon ganz richtig aufgefasst. Allerdings, fügte sie hinzu, dürfe man nie, nie, *nie* so weit gehen, nur noch auf sich selbst zu achten und nicht mehr auf das, was um uns herum vorgeht.

„So ist denn auch das Ideal der Gelassenheit im ethischen Sinne nur so lange haltbar, wie unser staatsbürgerliches Engagement nicht nötig ist. Zivilcourage ist aber immer dann gefragt, wenn die Leute, die wir gewählt haben, uns im Stich lassen. Wir leben, das hat Mitscherlich schon vor vielen Jahren beobachtet, in einer vaterlosen Gesellschaft. Und das ist in der Geschichte der Menschheit eigentlich noch nicht da gewesen. Im Grunde genommen sind wir alle Waisen, wir haben es etwa so gut wie Stra-

181

ßen- oder Schlüsselkinder, denn leider ist auf die Leute, die uns verwalten, nur noch wenig Verlass." Sophie-Louise war überzeugt davon, dass sich auf politischer Ebene spiegelt, was sich derzeit auch in den Familien abspielt, den Restfamilien besser gesagt: Wirkliche Landesväter oder -mütter gibt es kaum mehr. Von ein paar Ausnahmen vielleicht abgesehen ... Ein Schiff, dessen Kapitän bei rauem Seegang die Brücke verlässt und mit seinen Offizieren unter Deck sitzt, um ein Fußballspiel nicht zu versäumen, *muss* untergehen – was da kürzlich in Zypern passiert ist, ist im Grunde eine Metapher für das, was in dieser Spaßgesellschaft vor sich geht ...❡

Bleibt nur die Frage, was wir – Leichtmatrosen – dagegen tun können.❡

Wir können

a) auch unter Deck gehen, uns in eine Hängematte hauen und uns mit dem Fernsehprogramm und der Vorstellung bei Laune halten, dass alles nur halb so schlimm ist.❡

Wir können aber auch

b) scharf nachdenken, Ruhe bewahren, die Seekarten und den Sextanten hervorholen und versuchen, einen Blick gen Himmel gerichtet, durch die Untiefen unserer Existenz zu navigieren. Wenn's dunkel ist, helfen uns vielleicht die Sterne dabei und die Ideale, von denen hier schon so oft die Rede war ...❡

Meine Großeltern hatten beide eine geradezu unnachahmliche Art, komplizierte Zusammenhänge in ganz einfache Bilder zu übersetzen, die selbst noch Fünfjährigen unmittelbar einleuchteten. Und leider, leider haben nicht alle ihre fabelhaften Geschichten in diesem Buch Platz ...❡

Es schließt mit einem Brief voll weiser Ratschläge, die möglicherweise die Quintessenz dessen sind, woran meine

Großeltern – ebenso wie Jan-Willem van Köping und Ole Hansen – und viele andere ihrer Generation geglaubt haben – sicher auch Ihre eigenen Groß- oder Urgroßeltern.❡

Wer sich daran hält, dem kann im Leben eigentlich nicht allzu viel fehlschlagen, denn wie war das noch einmal mit der „Antiquiertheit des Menschen"? Wir ändern uns – dem Himmel sei Dank – nicht, „eins, zwei, drei im Sauseschritt", so schnell wie die Welt um uns herum. Das Gesetz der Trägheit hat auch sein Gutes. Die Kunst anders zu leben, langsamer nämlich und stiller, ist einer der Schlüssel zum Glück, davon war meine Großmutter zutiefst überzeugt. Sie hat die Lebensweisheiten in der einen oder anderen Form all ihren Enkeln mit auf den Weg gegeben. Immer wenn einer von uns zu neuen Ufern aufbrach, sandte sie ihm einen Brief und fügte ihm stets noch ein paar Zuwendungen aus ihrer berühmten Niveadose bei. Abgedruckt ist die letzte, noch eigenhändig korrigierte Fassung aus dem Jahre 1999, die sie ihrer jüngsten Urenkelin nach Berlin schickte: ❡

Die Kunst anders zu leben, langsamer nämlich und stiller, ist einer der Schlüssel zum Glück.

Liebe Julia,

genau wie Deine Onkel und Tanten, Deine Cousins und Cousinen erhältst auch Du heute diesen Brief von Deiner schon sehr alten und sehr tattrigen Urgroßmutter. In groben Zügen kennst Du seinen Inhalt vielleicht schon, denn zu Deiner Konfirmation habe ich Dir einen ganz ähnlichen geschickt. Möglicherweise hast Du auch gar keine Lust auf das, was Dir eine neunundneunzigjährige Frau über das Leben mitteilen will. Mit achtzehn sieht man so manches anders, ganz und gar anders. Und das ist auch gut so. Denn wenn jeder es so machte wie seine Altvordern, würde sich gar nichts mehr von der Stelle bewegen …
Mit achtzehn will man sich eigentlich in nichts mehr dreinreden lassen, man hat die Bevormundung satt und wartet darauf, endlich aufbrechen zu können.
Ich möchte, liebe Julia, nicht noch einmal achtzehn oder zwanzig sein. Vor allem nicht heute. Es ist alles schwerer geworden. Ich hatte ein gutes, langes, glückliches Leben und einen Mann, auf den ich mich immer verlassen konnte. Das ist überhaupt das Wichtigste, Julia, glaub mir:

❦ *Höre nie auf zu lieben, zu lachen und zu verzeihen, höre nie auf zu zweifeln, Fragen zu stellen, nach der Wahrheit zu suchen, zu lesen, Dich für etwas zu begeistern – und zu lernen. Wenn Du Dich daran hältst, kann Dir Leben eigentlich nur ge-*

lingen. Ich habe diese Lebensweisheit, wie Du vielleicht weißt, von meiner eigenen Mutter. Sie hat – weiß Gott – kein einfaches Leben gehabt. Sie war Kriegswitwe und hat drei Kinder und vier Vollwaisen ganz allein durch den Kohlrübenwinter gebracht, bevor sie den Dr. Meinl heiratete, mit dem sie fünfzig Jahre lang glücklich war.

Bewahre, liebes Kind, diesen Brief auf und lies ihn vielleicht noch einmal, wenn Du genau doppelt so alt bist wie jetzt. Dann lässt sich nämlich immer noch so einiges korrigieren, was man vielleicht falsch gemacht hat. Natürlich kann man auch noch mit sechzig und mit achtzig etwas ändern, denn eigentlich ist es nie zu spät dafür.

Lebe, liebes Julchen. (Verzeih, wenn ich Dich noch einmal so nenne, denn eigentlich bist Du ja erwachsen seit heute.)

❧ Lebe: *Nec temere, nec timide, „weder unbesonnen, noch furchtsam"*, wie unser guter Ole Hansen riet. Benutze Deinen Kopf und Dein Herz – denn dafür sind sie gemacht – und misstraue Schlagwörtern und Allgemeinplätzen wie „Sei du selbst, vergnüge dich, befreie dich." Bedenke immer, dass Deine Freiheit genau da endet, wo die Deiner Mitgeschöpfe beginnt …

Aber das sind viele Ratschläge auf einmal.

Schau sie Dir noch einmal Punkt für Punkt an. Manche werden Dir vielleicht spießig erscheinen oder sogar unverständlich.

185

Doch wisse: Sie wirken oft mit zeitlicher Verzögerung, so wie
Ole Hansens berühmte Predigten … Doch sie haben, glaub mir,
die Gültigkeit von Naturgesetzen.
Genug der Vorrede. Lass Dich, liebes Kind, bald wieder einmal
in Christianssiel anschauen. Denn ich weiß nicht, wie lange das
mit dem Anschauen bei mir noch möglich ist. Gott segne Dich.

❦ Mache niemals in Deinem Leben auch nur irgendeine
Entscheidung vom Geld abhängig. Das rächt sich immer.

❦ Versuche, nie Spaß mit Freude, Liebe mit Lust und einen
Beruf mit einem Job zu verwechseln. Das rächt sich noch mehr.
Es kann einen nämlich geradezu krank machen. Ein Trost: Es ist
nie zu spät, daran noch etwas zu ändern. *Mache zu Deinem
Beruf nur etwas, was Du wirklich liebst.*

❦ Traue in allem, was Du tust, nur Deinem gesunden Menschenverstand und Deiner Intuition. Du kannst es auch die
Stimme Deines Herzens nennen. Dann kannst Du, wenn
Du es richtig anfängst und dieser Stimme eine Chance lässt,
immer dem aller-, allerersten Eindruck trauen, den Du von
einem Menschen hast.

❦ Allerdings ist das so eine Sache mit der Stimme Deines
Herzens. Man hört sie nur, wenn man nicht verlernt hat hinzu-

186

hören. Schalte ab und geh spazieren, wann immer Du kannst.
Vergiss Dein Handy und Deine Armbanduhr, vergiss, dass es
Straßenbahnen gibt und Polizeisirenen, vergiss, dass Du noch
eben die Nachrichten hören wolltest und geh einfach. Mach aus
Deinem Leben einen Waldspaziergang. *Und denke, wenn Dich
Deine Alltagsprobleme beim Wickel haben, an einen schönen
Sommersonntag im Wald oder an der See. Das hilft immer.*

Glaub nicht alles, was man Dir sagt. *Traue Schlagwörtern
nicht und Allgemeinplätzen wie „Jeder ist sich selbst der
Nächste". oder „Nimm dir, was dich anmacht".* Vergiss alle
Ratschläge, die auf die Formel: „Du bist die wichtigste Person
in deinem Leben" hinauslaufen. Bücher, in denen so etwas
steht, am besten als Brikett verwenden.

Versuche auch, Dir selbst nicht auf den Leim zu gehen.
Glaub nicht, was Du Dir vielleicht einredest. Selbstzweifel
verraten keineswegs ein „schwaches Selbstwertgefühl," wie man
uns weiszumachen versucht – *jeder kreative Kopf hat Selbstzweifel.* Nur wer sich selbst und dem, was er tut, gegenüber
kritisch ist, kann Bleibendes leisten. Außerdem macht allzu
großes Selbstbewusstsein niemanden sympathischer. Das
haben die Engländer schon ziemlich richtig getroffen, als sie
ihr Understatement erfanden. Zur wahren Größe, Kindchen,
gehört immer Bescheidenheit.

❦ *Ein paar Nullen mehr oder weniger auf dem Kontoauszug machen Dich weder ärmer noch reicher.* Genügend Geld zu haben mag vielleicht ganz beruhigend sein, aber es hat noch niemanden glücklich gemacht. Ebenso wenig übrigens wie das, was Ihr heute „Relaxen" nennt.

❦ Glücksgefühle gibt Mutter Natur nämlich nur als Belohnung für Anstrengung aus, als Bonbon sozusagen, das uns durchhalten hilft. *Glücklich kann also nur sein, wer sich auf die Kunst versteht, sich das Leben immer ein wenig schwerer zu machen …*
Am einfachsten kommt man an diese wunderbaren Endorphine, indem man eine Arbeit tut, die einem wirklich Freude macht. So einfach ist das. Das hat Dein Großvater seinerzeit herausgefunden und er hat mit dieser Entdeckung so einige Biographien verändert.

❦ Tue, was immer Du tust, mit Begeisterung und Engagement. Wenn Du Dich auf die Kunst verstehst, sogar noch dem, was Du ungern tust, etwas Positives abzugewinnen, kann Dir Leben nur gelingen.

❦ *Führe ein Doppelleben!* Erlerne neben Deinem Beruf oder dem Studium, das Du gewählt hast, noch ein Handwerk, eine Sprache, ein neues Musikinstrument, eine Kunstfertigkeit und betrachte es nicht einfach nur als Steckenpferd. Vielleicht erscheint Dir dieser Rat seltsam, aber mit vierzig wirst Du wissen, was ich damit gemeint habe. Er stammt übrigens nicht von mir, sondern vom alten Onkel Jan-Willem. Du erinnerst Dich vielleicht, dass er nicht nur Buchhändler und Verleger war, sondern auch Schriftsteller und ein göttlicher Pianist. Obwohl er immer, bescheiden wie er war, behauptet hat , dass es nur an dem vielen Kakao liege, mit dem er aufgewachsen sei, aber:

Versuche, niemals Spaß mit Freude zu verwechseln. Es macht vielleicht Spaß, Achterbahn zu fahren, aber es macht keine Freude. Es macht Freude, ein Buch zu schreiben oder ein Musikstück einzuüben, aber es macht vielleicht nicht immer Spaß. Das heißt, noch einfacher ausgedrückt: Kreative Köpfe haben auch nicht immer „Lust" auf alles, was zu ihrer Arbeit gehört. Aber sie haben das Talent, Unlustgefühle „auszusitzen" und werden dafür mit einem Gefühl belohnt, das ungeduldige Menschen nie haben werden. Durchhaltevermögen ist immer ein Kennzeichen glücklicher Naturen …
Verwechsle übrigens auch Durchhaltevermögen nicht mit Durchsetzungsvermögen. Das sind zwei völlig verschiedene Paar Schuhe.

Bleib Dir selber treu, liebe Julia, Dir und Deinen Idealen, vor allem aber den Menschen um Dich herum. Freundschaften sind etwas, das der Pflege bedarf, so wie der Rosenstock an Deinem Fenster. Schreibe Briefe, halte den Kontakt, sei hilfsbereit. Und beanspruche die Hilfsbereitschaft des anderen nie über Gebühr. Sieh zu, dass das Konto immer ausgeglichen ist.

❦ Eher geht ein Kamel durch ein Nadelöhr, als dass ein Egoist glücklich wird, hat der alte Ole Hansen immer gesagt.

❦ Warum das so ist, ist leicht erklärt: Denn mit der Nächstenliebe geht es guten Menschen ebenso wie kreativen Köpfen: *Unsere Natur hat es so einzurichten gewusst, dass der Gebende immer auch der Beschenkte ist.* Es macht ganz einfach Freude, gut zu sein und höflich, es macht Freude, auf andere zuzugehen und ihnen zu helfen. Nur hat ein fehlgeleitetes Schulsystem das Prinzip Anständigkeit in der Versenkung verschwinden lassen – wer trägt heute noch einer alten Dame wie mir den Koffer auf den Bahnsteig?
Zur Höflichkeit, liebe Julia, gehört Aufmerksamkeit. Man muss sehen, dass da jemand Hilfe braucht. Phantasie ist wichtig, wichtiger als alles andere, denn wer es verlernt hat, sich in andere hineinzuversetzen, wird taub und blind für das, was um ihn vor sich geht. Und möglicherweise steht er einmal allein da, wenn er selbst Hilfe braucht. Es ist ein ewiges Gesetz, dass man im Leben so einiges zurückbekommt … Wer hilft, wird dafür

190

belohnt – mit einem Behagen, das dem Egoisten oder dem Egozentrierten ein ewiges Rätsel bleiben wird.

❧ Nichts, was du weggibst, macht dich ärmer. Nur was du verschenkst, gehört dir wirklich. (Das ist von Jan-Willem van Köping, er liebte nämlich Paradoxe oder Dinge, die zumindest auf den ersten Blick so aussahen, als seien sie ein Widerspruch in sich …)

❧ Die Zeit ist nicht eigentlich ein knappes Gut. Aber zum Verschwenden ist sie zu schade. Vertu sie nicht mit Menschen, die schlecht über andere reden, und bedenke immer, dass das, was einer über jemand anderen sagt, mehr über ihn selbst verrät als über eben diesen anderen.

❧ Man kann auch ganz gut auf die Gesellschaft derjenigen unserer Zeitgenossen verzichten, die Taxifahrer, Kellner, Portiers, Kassiererinnen, Putzfrauen und andere Subalterne gern zur Minna machen. Auch mit Rechthabern oder Bescheidwissern ist nicht gut Kirschen essen. Im Zweifelsfalle ist man allein in besserer Gesellschaft. Das ist besonders für den Fall wichtig, dass Du Dich in einen solchen Menschen verliebt hast.

❧ Traue niemals dem äußeren Schein einer Sache – denn „Foul is fair and fair is foul". Am besten ist es, man zweifelt

191

„an allem mindestens einmal, und sei es auch der Satz zwei
mal zwei ist vier". Du weißt, dass das das Lieblingszitat Deines
Urgroßvaters war.

❦ Traue Leuten nicht, die ihr Cabrioverdeck aufmachen,
sobald im Februar die ersten Sonnenstrahlen da sind, oder die
im Restaurant den Weinkenner mimen und zwischen dem
dritten und dem vierten Glas Château-de-was-weiß-ich über
Politik, Börsenaktien und Beziehungen dozieren. Das sind
übrigens dieselben Leute, die niemanden im Zweifel darüber
lassen, dass sie sich die Chrysanthemenkonfitüre von Harrods
schicken lassen.

❦ Auch Zeitgenossen, die zum Abendessen mal kurz von
München ins Elsass fahren, sind mit Vorsicht zu genießen.
Es ist schade um alle Zeit, die man mit Snobs vertut – oder
mit Leuten, die, Trüffelschweinen nicht unähnlich, stets auf
der Suche nach neuen exotischen Genüssen sind. *Vergiss nie
Kästners „Elftes Gebot": „Schlagt Eure Zeit nicht tot!"*

❦ Traue vor allem Männern nicht, die jeden Samstag
zum „Shopping" aufbrechen. Das kann auf die Dauer
ziemlich öde werden. *Es gibt Dinge, die „sich geben" und
andere, die sich nicht geben.* Eitelkeit gehört dazu und Geiz.
Und Egoismus.

❦ Sei auch vorsichtig mit Männern, die mit fünfunddreißig noch Skateboard fahren (oder wie diese Geschosse heißen) und die eine Baseball-Kappe verkehrt herum auf ihren sich lichtenden Schädeln tragen. Noch schlimmer sind Männer, die mit Disneyfiguren auf ihren Krawatten herumlaufen – keine vernünftige Frau kann mit einem Mann durchs Leben kommen, der noch nicht erwachsen ist und aller Wahrscheinlichkeit nach auch nie erwachsen wird. Wie sagte Dein Urgroßvater in seinem beiten Bramscher Platt dazu: „Den laut man sin, Wicht. Dat wet leiper mit de tid." … „Den lass mal laufen, Mädchen. Denn das wird alles schlimmer mit der Zeit …"

❦ *Geduld bringt Rosen.* Warte mit wichtigen Entscheidungen immer ein wenig und lass den Dingen Zeit. Vor allem aber: Laufe nie einem Mann nach, der Dir gefällt, ruf ihn nicht einmal an. Lass immer ihn den ersten Schritt tun. Das klingt zwar hoffnungslos démodé – und der Rat stammt auch tatsächlich aus einer Zeit, in der man für Fahrkarte noch Billet sagte und Trottoir für Gehweg, aber glaub mir – die Männer sind Jäger und es bringt nichts, die Rollen umkehren zu wollen.

❦ Wenn Du eine „Powerfrau" bist, ist das vielleicht ganz gut und schön. Aber es ist klüger, mit dieser Information hinterm Berg zu halten. Denn sonst treibst Du selbst die besten Männer in die Flucht. Bedenke immer, dass – allen anders lautenden

Aussagen zum Trotz – gute Männer nicht auf Bäumen wachsen.

❦ Versuche niemals, ein Problem mit den Beteiligten gleich „auzudiskutieren", wie Ihr das nennt. Vor allem dann nicht, wenn diese Beteiligten Männer sind. Damit verlierst Du sie. Männer reden nicht über ihre Probleme, sondern schweigen. Und in der Hitze des Gefechts ist schnell etwas gesagt, was Du hinterher nicht mehr zurücknehmen kannst. Ein Wort zu viel kann wie ein tief sitzender Stachel alles zerstören. Besuche lieber eine gute Freundin und rede mit ihr über das, was Dich bedrückt. Oder spiele Beethovens „Wut über den verlorenen Groschen" auf dem Klavier, wenn alles nichts hilft. Oder fahr an die See und mache einen langen Strandspaziergang. Oder zieh Deine Turnschuhe an und laufe in den nächstbesten Wald. Oder setz Dich ganz einfach auf eine Parkbank, leg die Hände in den Nacken und schau den Wolken zu.

❦ Oder geh in eine Kirche.

❦ *Bedenke immer, dass Liebe und Freundschaft viel zu kostbare Dinge sind, als dass wir sie unbedacht aufs Spiel setzen sollten,* nur weil uns etwas nicht so recht in den Kram passt. Zwinge Deinen Romeo auch niemals zu irgendetwas, von dem Du weißt, dass es ihm höchst unangenehm ist – und das er es

194

nur Dir zu Gefallen tut. Wenn ihm an „La Bohème" nichts
liegt, geh mit einer Freundin hin. Zwinge ihm nicht einen ganzen
Abend lang eine Verkleidung auf und einen für ihn höchst
zweifelhaften Kunstgenuss. Zwinge ihm überhaupt nie Deinen
Geschmack auf.

❤ *Lass Dir von niemandem weismachen, dass Glück und
Erfolg nur im Doppelpack zu haben sind.* Glück hat mit Erfolg
etwa so viel zu tun wie der oft zitierte Fisch mit dem Fahrrad.
Es gibt Genies, die glücklich im Elfenbeinturm ihrer Kreativität
leben, ohne dass sie jemals „Erfolg" gehabt hätten. Und es gibt
Erfolgsmenschen, die sich nur noch mit Pillen und einem halben
Dutzend voller Lebenslügen über Wasser halten …

❤ Lass Dir überhaupt nicht allzu viel von Leuten raten,
die eigentlich erst noch den Beweis dafür erbringen müssten,
dass ihr eigenes Leben gelungen ist. Verlass Dich lieber auf die
Stimme deines Herzens, das dir schon sagen wird, was Sache ist.
Das gelingt allerdings nur, wenn Du diese Stimme auch hörst.
Ein, zwei Dezibel zu viel und schon geht sie unter im Gewirr
der akustischen Belastung, der wir täglich ausgesetzt sind. Lass
Dich davon nicht vereinnahmen. Versuche, deinen eigenen
Gedanken zu lauschen, versuche, wenigstens einen Tag in der
Woche völlig „abzuschalten", im wahrsten Wortsinne: Fern-
seher, Radio, Computer, wenn möglich sogar das Telefon.

Geh spazieren, gönne Dir und Deinem Herzen, Deinen Augen und Deinen Ohren Ruhe, sooft es irgend geht. Lies. Male. Schreibe einen Brief. Zünde eine Kerze an oder ein Kaminfeuer … Sprich leise. Das ist Glück pur.

❧ *Befreie Dich von der Vorstellung, dass Du Dein ganzes Leben als Arbeitnehmer zubringen musst.* Es gibt kaum einen Beruf, in dem man sich nicht selbständig machen könnte. Vielleicht hilft Dir ja auch das, was Du sonst noch gelernt hast, dabei … Das hat den Vorteil, dass man mit größerer Freiheit über seinen Wohnort bestimmen kann – und das ist ein großes Glück, glaub mir. Wenn es dir irgendwie möglich ist, ziehe später einmal von der Stadt aufs Land hinaus, wo du Ruhe hast und Platz und wo du die Zeit anhalten kannst, wenn du es richtig anfängst. Jetzt, mit achtzehn, hast Du das Gefühl, alle Zeit der Welt zu haben, aber glaub mir, „dat giv sik". Das gibt sich sogar sehr bald.

❧ *Umgib dich mit einfachen, schönen, handwerklich gut gearbeiteten Dingen, die sich auch gut anfassen. Sei wählerisch.* Wir haben so etwas wie ein ästhetisches Grundbedürfnis und es steht in krassem Widerspruch zu dem Warenangebot unserer „Schönen Neuen Globalisierten Welt" und zu dem, was uns unsere unwirtlichen, von einer wuchernden Außenwerbung entstellten Städte bieten. Sie sind inzwischen so hässlich geworden,

dass es sich einem aufs Gemüt schlägt. Wer klug ist, meidet sie, so es irgend geht, und er entsorgt auch all die schönen bunten Werbebotschaften, die uns tagtäglich ins Haus flattern. Am besten ungelesen.

❧ Gib Geld nur für Dinge aus, die es wirklich wert sind. *Lass dir niemals einreden, dass man Geld sparen kann, indem man welches ausgibt. Vergiss alle Schnäppchenführer dieser Welt.* Überlass die Jagd nach diesen Dingen den Zeitgenossen, die mit ihrem Leben nichts Besseres anzufangen wissen und die Teile ihres Gehirns nicht so richtig im Griff haben, in denen primitive Regungen wie Gier und Geiz zu Hause sind.

❧ Versuche vor allem niemals, ein Geschenk möglichst preiswert zu erstehen. „Wenn die Beschenkten die Gaben wiegen / Sei Dein Gewissen rein", hat Joachim Ringelnatz in seinem wunderbaren Gedicht übers Schenken geraten. *„Schenke mit Geist ohne List / Sei eingedenk, dass das Geschenk / Du selber bist …"*

❧ Kaufe nie etwas Hässliches, nur weil es nützlich ist oder zu sein vorgibt. *Traue in allem deinem ästhetischen Gefühl.* Verschenke auch nichts, was hässlich ist.

❦ Vergiss alle Bestsellerlisten und lies auf Büchern, die dich interessieren, niemals den Klappentext, denn die Leute, die Klappentexte verfassen, können wirklich schreiben. Lies lieber die erste Seite. Vielleicht auch noch die nächste. *Wenn Dein Gefühl Dir dann sagt: „Lass es", dann lass es.*

❦ Versuche, niemals aus einem Impuls heraus etwas zu kaufen, aus einem spontanen Entschluss. Geh lieber noch einmal weg und denke darüber nach. Mit diesem ganz simplen Trick spart man nicht nur eine Menge Geld. Das Gute daran ist, dass man sich seltener über sich selbst zu ärgern hat.

❦ Achte auf Deine Gesundheit, Kindchen, es ist ein kostbares Gut, das man allerdings in Deinem Alter noch nicht so recht zu schätzen weiß … *Koche selbst. Iss einfache, gesunde Dinge. Und pfeife auf die Waage in Deinem Bad.* Wenn Du Deinen Kopf und Deine Muskeln dafür benutzt, wofür sie gemacht sind, kannst Du sämtliche Diätregeln ganz einfach vergessen …

❦ Körperliche Gesundheit hat damit zu tun, wie wir unser Leben führen: Tu nichts, was Du mit Deinem Gewissen nicht vereinbaren kannst. Verletze niemanden, tue überhaupt nichts, was Dich selbst verletzen würde, wenn es jemand anderes mit Dir so machte. Du weißt, was *Kant mit seinem Kategorischen*

Imperativ gemeint hat. Handle anständig. Betrüge niemanden, auch wenn er Dir zufällig und aus Versehen die Möglichkeit dazu gibt. Wenn Du merkst, dass sich jemand zu Deinen Gunsten irrt, ist es unanständig, das auszunutzen. Was hat man auch davon? Jedes Verhalten, dessen Du Dich schämen musst, macht Dich ärmer.

❥ Sei gegenüber allen Menschen, denen Du begegnest, wohlgesinnt. *Und lass niemanden in Zweifel darüber, dass Du ihm wohlgesinnt bist:* Sei höflich, lächle und versuche endlich auf Kaugummi zu verzichten, denn Du bist jetzt erwachsen. Kaugummi mag zwar gut für die Zähne sein oder auch für die Figur (obwohl nachgewiesenermaßen das Gegenteil der Fall ist), es erschwert jedenfalls den Kontakt zu anderen Menschen. Stell Dir vor, Du triffst den Mann Deines Lebens und Du merkst es nicht einmal, weil er keine Lust auf die nähere Bekanntschaft mit einer coolen Wiederkäuerin hat. Das wäre doch ziemlich traurig, oder? Es ist sehr unhöflich, Kaugummi zu kauen, denn deutlicher kann man die Gleichgültigkeit, mit der man anderen begegnet, nicht machen.

❥ Geh nicht sparsam mit Deiner Aufmerksamkeit um, sei all Deinen Zeitgenossen – ohne Ansehen der Person – freundlich gegenüber. Dann wirst Du mit vierzig noch so hübsch aussehen wie jetzt, liebes Julchen.

Du weißt ja, was Dein Urgroßvater immer sagt: *„Ab vierzig
ist jeder für sein Gesicht selbst verantwortlich."* Schönheit
hat spätestens dann nämlich etwas mit Charakter zu tun.
Bis fünfundzwanzig kann jede(r) schön sein, das ist keine
Kunst. Aber ab fünfunddreißig scheiden sich die Geister.
Da spiegeln sich dann Gier und Geiz, Selbstsucht und
Gleichgültigkeit, Arroganz und Feigheit, Stumpfsinn und
Falschheit im Gesichtsausdruck … Was man mit zwanzig
vielleicht „cool„ findet, wie Ihr es nennt, finden Zeitgenossen
mit vierzig nur noch unerträglich blasiert. Und wer diese
Form von Körpersprache erst einmal verinnerlicht hat,
wird es immer schwerer haben, Freunde zu finden …
Anima forma corporis, haben die Römer diese alte Erfahrungstatsache genannt – es ist der Geist, der sich den Körper formt,
obwohl es genauer übersetzt heißen müsste: Es ist die Seele,
die des Körpers Form bestimmt.

Verlier sie nicht, diese Seele, mein Kind. Verhärte
Dein Herz nicht Menschen gegenüber, die es nicht so gut
getroffen haben wie Du, und gib keiner dieser Todsünden
eine Chance. *Denke immer an Ole Hansens weise Maxime:
„Mehr sein als scheinen",* die er von Moltke hatte.
Wer mit achtzig eine liebenswerte alte Frau sein will, sollte
mal nicht zu spät damit anfangen – achtzehn ist vielleicht
gerade richtig …

❦ Man sollte überhaupt mit mancherlei Dingen nicht allzu lange warten. Mit dem Heiraten zum Beispiel und dem Kinderkriegen. Dem Begriff „Familienplanung" traue man besser nicht so recht über den Weg. Manche Dinge lassen sich nicht so einfach planen.

Und es ist Hybris (so nannten die Griechen den Hochmut, der stets den Zorn der Götter herausforderte), *es ist Hybris, davon auszugehen, dass wir über Sein oder Nichtsein so bestimmen können wie über – Börsenaktien* oder wie über den Kauf der Parkstraße beim Monopoly.

❦ *Befreie Dich von der (lebensfeindlichen) Vorstellung, man müsse seine Kinder zu selbstbewussten, durchsetzungsfähigen Menschen erziehen,* da sie in dieser „Jeder-muss-sehen-wo-er-bleibt-Gesellschaft" sonst keine Chance haben. Aus allzu selbstbewussten Kindern werden leicht emotionale Krüppel, die sich später nur noch einmal im Jahr – und auch nur für zehn Minuten – in dem Altersheim sehen lassen, in dem Du der Dinge harrst, die da kommen sollen.

❦ Überlasse weder den Wortschatz, den Deine Kinder erwerben, noch ihr Weltbild dem Fernsehen und auch nicht der Straße. Gib das Kunstwerk, das unsere Sprache darstellt, an Deine Kinder weiter. Sprich auch mit einem Fünfjährigen genau so, wie Du mit einem Erwachsenen reden würdest.

Man weiß inzwischen, dass nur so sprachliche und logische Kompetenz entsteht. Wir denken in Worten, und *wo Worte fehlen, fehlen auch die Begriffe.* Und die Folge davon ist Stumpfsinn …"Stupor" hat Dein Urgroßvater das genannt. Leicht erkennbar an entgleisten Gesichtszügen.

Versuche, immer ruhig zu bleiben, wenn die Dinge über Deinem Kopf zusammenzuschlagen drohen. Das klingt zwar ein wenig banal, aber Gelassenheit zu bewahren in Zeiten, die uns nicht gefallen, ist eine Kunst, die nur wenige beherrschen. Wenn Du kannst, summe ein wenig vor Dich hin, wenn's weh tut, und denke an das, was die Italiener in diesem Falle empfehlen: Canta che ti passa – singe, damit es vorbeigeht. Oder schließe die Augen einen Moment lang und stell dir vor, du seist ganz woanders, hier in Christianssiel zum Beispiel. Sage mindestens sechzig Sekunden erst mal gar nichts. Das hilft immer. Aber vergiss nicht zu atmen. Danach kann man „in aller Seelenruhe" ein Problem nach dem anderen angehen, wobei man sich die wichtigsten zuerst vornimmt: *„First things first"*, nennen die Amerikaner das – womit sie ausnahmsweise einmal recht haben. *Die Bagatellen kann man getrost vernachlässigen.* Denn die erledigen sich meist von alleine.

Lerne es überhaupt, Dich niemals über Kleinkram aufzuregen. Man kann das regelrecht einüben. (Fragt sich nur,

wie man Kleinkram definiert. Es tut der Seele gut, wenn man
möglichst viel dazu zählt.)

❦ *Trage niemals jemandem etwas nach.* Es kostet mehr
Mühe, jemandem böse zu sein, als eine Sache ganz einfach
zu vergessen.

❦ Vergrab dich irgendwo, wenn du mit den deinen
in Zwist liegst. Geh zu einer Freundin oder ins Café
oder löse dich in Luft auf, bis man anfängt, sich Sorgen
um Dich zu machen. Das wirkt Wunder. Verrate aber
nie, wo du warst.

❦ Wenn Du mit einem Problem oder einem anderen
Menschen nicht zurande kommst, hilft es oftmals, sich dumm
zu stellen und ein paar wohl überlegte dumme Fragen zu stellen.
Gegenfragen vor allem.

❦ So dich jemand zu provozieren versucht, versuche
nicht schlagfertig zu sein. Denn das Fluchthormon Adrenalin
in Deinem Blut hindert Dich am Denken. Deswegen fällt
einem auch immer erst hinterher ein, was man eigentlich
hätte sagen müssen. Nein, wenn Dir jemand dumm kommt,
zitiere irgendein Sprichwort, das überhaupt nicht zur
Situation passt – sag zum Beispiel ganz einfach: „Wenn

der Hahn kräht auf dem Mist, ändert sich das Wetter oder es bleibt, wie es ist – sagte mein Großvater immer." Damit verwirrst Du jeden. Und weil jeder versucht, den Sinn dessen, was Du da gerade gesagt hast, zu verstehen, hast Du erst mal Deine Ruhe. So sparst Du viel Zeit und Nerven – und kannst in Ruhe Deine eigenen Reaktionen überdenken.

❤ Überlege, bevor Du Dich überhaupt über irgendetwas oder irgendjemanden ärgerst, ob das Ganze nicht eigentlich eher etwas zum Lachen ist.

❤ Manche Probleme, behauptete Dein Urgroßvater, haben etwas von einem Schnupfen – ob Du etwas dagegen tust oder nicht, bleibt sich gleich. Man muss den Dingen nur etwas Zeit lassen, sie lösen sich dann schon von ganz alleine. So, wie eine verstopfte Nase eines Morgens ganz plötzlich wieder frei ist.

❤ Wenn Du Kummer hast, kannst Du ihn natürlich auch „ersäufen" – indem Du abwartest und Tee trinkst zum Beispiel oder ein Lavendelvollbad nimmst. Der alte Jan-Willem van Köping („Mach mal blau, trink van Köpings Kakao") schwor natürlich auf eine heiße Tasse Schokolade. Oder auch zwei. Notfalls mit einem Schuss Cognac.

❧ *Am besten aber schreibst Du auf, was Dir die Existenz gerade verleidet,* gehst die Sache noch einmal Posten für Posten durch, bevor Du das Ganze in einem Umschlag versenkst und versuchst, es so bald es geht ad acta zu legen.

❧ Bedenke, liebe Julia, *„dass nicht alles Unglück kommt, um zu schaden",* wie die Italiener sagen. Meist hat selbst das Schlechte noch sein Gutes, und wenn all diese Überlegungen nichts helfen, dann denke an den nur scheinbar banalen Spruch: „Auch das geht vorbei. Nichts ist für immer."

❧ Wer im wahrsten Wortsinne „gute Mine zu bösem Spiel" macht, hat ohnehin schon gewonnen. Unlängst hat man festgestellt, dass unsere Natur uns fürs Lächeln belohnt: Wer sechzig Sekunden lang – und sei es auch nur gezwungen – lächelt (sogar ein Grinsen reicht schon, wenn man den Wissenschaftlern glauben will), dem kommen schon Hormone zu Hilfe und alles ist nur noch halb so schlimm. *Freundlich sein, liebe Julia, ist ein Teil vom Glück.* Es macht ganz einfach gute Laune und Probleme lösen sich im Nu in Wohlgefallen auf. Wer sich auf die Kunst versteht, selbst den unangenehmsten Dingen noch etwas Erfreuliches abzugewinnen, den kann im Leben eigentlich nichts anfechten.

Das wär's eigentlich, liebes Kind. Doch, halt, nein! Zwei wichtige Punkte fehlen noch:

Vergiss nicht, zur Wahl zu gehen. Ab heute bist Du achtzehn und das, was man „Jungwähler" nennt. Leider habt Ihr heutzutage zwar nur noch die Wahl zwischen Pest und Cholera, wie Dein Urgroßvater es in seiner rauen, aber herzlichen Art ausdrückte, aber man soll die Hoffnung nie aufgeben. Und man sollte sich auch niemals von dem Gedanken entmutigen lassen, dass einer allein ja doch nichts ändern kann. Denke immer an „Brahms Tierleben" und an die Fabel vom Nilpferd und dem Zug der Zeit …

Halte, gleich welcher Religion Du einmal zuneigen solltest, an den christlichen Traditionen fest, *vor allem aber an dem, was ein Mann namens Jesus damals mit Nächstenliebe gemeint hat.* Vielleicht fühlst Du Dich ihm ja auch besonders verbunden, da Du heute vor achtzehn Jahren geboren bist, ebenso wie ER vor nunmehr eintausendneunhundertneunundneunzig (obwohl die Päpste da wohl so einiges durcheinander gebracht haben). Damals haben wir Dich „unser Christkind" genannt. Bleib es, liebes Julchen, bleib – gegen alle Widerstände, von denen es leider mehr als genug gibt – ein Kind Gottes.

Deine alte Urgroßmutter Sophie-Louise
Christianssiel, am 24. Dezember 1999

Die Schwarzweißaufnahmen in diesem Buch
stammen aus der Nikon FE 10 der
jungen Fotografin Maja Bittner (Jahrgang 1977).
Im Hauptberuf ist sie, wie die Autorin auch,
Buchhändlerin in Rothenburg ob der Tauber.

Bekannt wurde Eva-Maria Altemöller
vor allem durch ihr Buch über kreatives Schreiben
(Münster 1998) und ihre im Pattloch-Verlag
erschienenen Bücher „Was wär ich ohne Dich?“,
„Für Dich, meine Freundin“ und
„Die schönste Liebesgeschichte der Welt“
(München 2000).